去野外，去做一名户外达人吧！

野外生存指南

自由探险的每一步

都将带你走向未知的远方

去感受无尽的诗篇

[英] 克里斯 · 内勒（CHRIS NAYLOR） 著

燕子 译

中国科学技术出版社

·北 京·

目录 CONTENTS

序

生活在现代社会的人们需顽强打拼，劳神费力。由于我们在现实当中不断设定更高的目标，追求卓越，因此就需要承受来自方方面面的压力，加之还要必须处在快节奏、高强度的数字世界当中，因此我们的精神和身体会高度紧张，使人焦虑疲惫。鉴于在生活和工作中不断出现的各种诱惑和刺激，我们正在把自己推向生命的极限。

我们经常看见很多人弯腰弓背、全神贯注，眼睛长时间连续紧盯着电脑屏幕。不过，事情的本质却很简单，我们并不适合这种长期待在室内的状态。 如果在绿树成荫的步道悠闲漫步，在天清气爽的野外慢跑，在江河湖海纵情畅游，到大自然中去探秘寻踪，与大自然和谐相处，而不是隔断与它的关联，人们就会更加惬意轻松，也会更加适应这样的生活。成千上万年来，人类都在荒郊旷野中生存、栖息，所以与大自然亲近是我们与生俱来就具备的属性。现在，我们所做的一切就是寻找到一种适合现代人的生活方式，回到原有的生活。

作者衷心希望你能重归大自然，因此愿意通过本书助你一臂之力。当然，乍一脱离早已熟悉的工作和生活环境会很难，或者即使想奔向野外，但不知从何处开始。不过作者在此给你的劝告是：无论你是青睐徒步、跑步，还是挥臂畅游，参加其他体育活动，欣赏野生动植物，或者搜寻野生食物，本书在这方面都会对你有所启发，鼓励激发你走出家门，奔向阳光明媚、花香鸟语的野外，尽情呼吸上苍赐予的新鲜空气。对于你生活区域的自然世界，你可能早已了如指掌、习以为常，希望你读一下这本书，可能会使你重新燃起对熟悉环境的好奇和惊讶。

大自然既能安抚我们的躯体，也会慰藉我们的心灵。哪怕仅仅花 30 分钟的时间待在一个天然环境中，也会使人的血压降低、提升注意力，为好心情加油，滋养我们对于创造力的感知。这种方式就是一种安慰剂，我们需要这种安慰剂来治疗身体和心灵的创伤，为我们带来幸福欢乐和平安吉祥。如果要寻觅快乐和健康，全身心地拥抱大自然吧，这是百试不爽的秘诀。

言归正传，所以只要你一有机会，就要赶快逃离室内，奔赴大自然的广阔天地，尽享大自然赋予你的所有奥秘和神奇。敞开你的心扉，激发对新事物的体验和感受，从中找到你最喜爱的活动，也会了解到自己不太喜欢的东西。好吧，既然如此，那就对一切充满着好奇，变得勇敢果断一些，充满敬畏地去奔赴户外，乐享大自然！

纯真的大自然
并不是一件
奢侈品，
而是
人类精神须臾
不可或缺的
必需品。

爱德华·艾比（Edward Abbey，
1927—1989 年），美国著名作家、散文家。

壮美的大自然

为了帮助你在野外环境中变得自由自在、畅行无阻，最大限度地了解你周边的任何事物，请继续阅读本书，掌握一位探险者所应当必备的野外谋生知识及技能。掌握这些技能会使你在荒野中更加安全，增强对野外活动的领悟能力，甚至在关键时刻能挽救生命。掌握野外生存技能后，你的某次探险旅行会让你刻骨铭心，多年后回忆起来仍会兴奋不已。

去感受壮美的大自然

无论是多么不起眼的小小户外活动，比如你在某个午后，在自家住所附近悠闲散步；或者开展一次长距离的户外之旅，比方用整整一周时间去山区徒步旅行，你都需要了解一些基本常识，这些知识应当时时牢记在心。

让其他人知情：必须保证让部分外人（参加活动的人除外）知晓你将要前往的地点和预计返回的时间。如果你的选择无误，并且采取了正确的预防措施，在户外活动中遭遇困境的可能性较小。但人类无法按照自己的意志安排大自然，它变幻莫测，比如，天气会出现逆转，变得出乎意料的恶劣，有时你本人或者团队的一位成员可能会在野外行程中负伤，确保他（她）具备足够能力与你一起到达安全地点，或者发出紧急求救信号，这样做也是一种特别的救生要旨。

取得许可：如果你要另辟蹊径，在官方指定的路线或场地以外跑步、远足、游泳或野营，请记住一定要事先得到活动场地的土地所有者的许可，并且要遵守所在地区的所有法律法规和相关制度。

准备充分：尽最大努力做好先期准备工作，预判可能发生的最坏情况。出发前应核实天气预报，相应准备随身行装：充足的水、一套急救箱、一幅地图以及联络方式，无论是一部电话还是卫星紧急联系设备（Satellite Emergency Notification Device ，SEND）均可。尽管后者价格昂贵，但如果你计划开赴某一偏远地区进行长时间深度探险的话，它不但物有所值，还可能救命。

不留垃圾：从某种意义上说，让人无限向往的户外是大自然的慷慨馈赠，是全人类共同享有的财富。所以，为了保持自然世界的优美怡人、蓬勃繁盛，我们应当竭尽全力把自己对自然界的影响降到最低，这是我们应尽的一份责任。这意味着我们应尽可能减少在野外留下的痕迹：把所有的垃圾带回家；彻底熄灭并掩埋野营篝火；拆除我们已搭好的各类搁板、搁架；如果需要搜寻食物，或使用木柴点燃篝火，或砍伐木头赶制搁架，请记住只取够用的量，切勿从一个地方拿走太多。

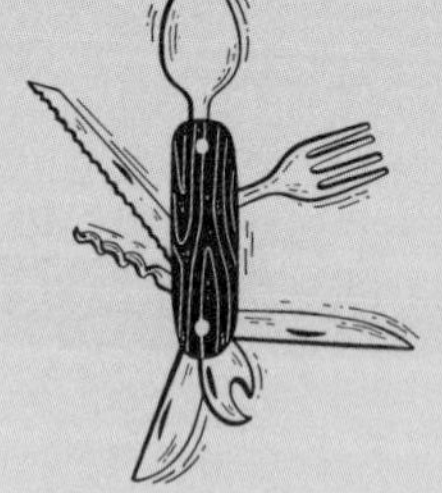

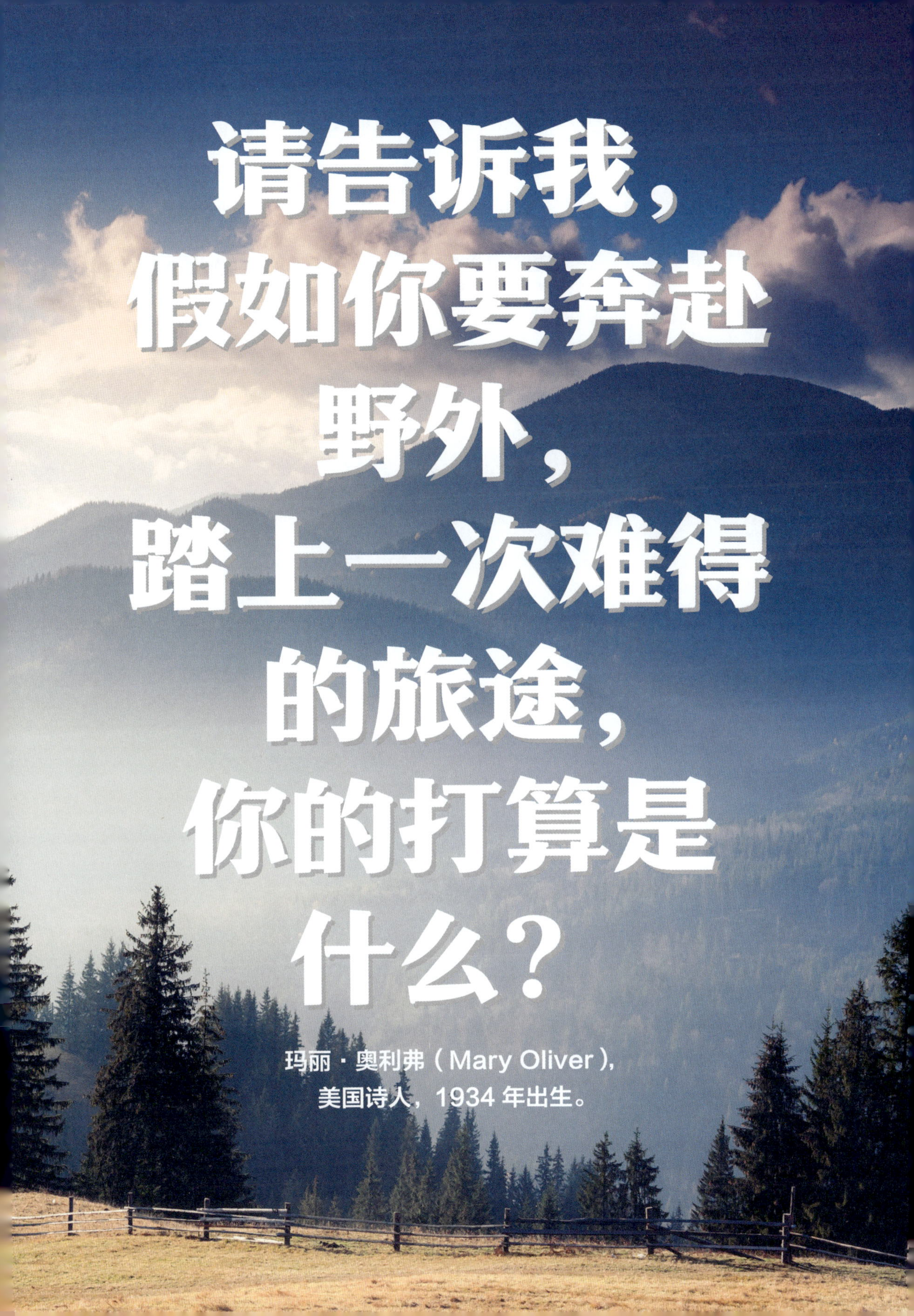

请告诉我，假如你要奔赴野外，踏上一次难得的旅途，你的打算是什么？

玛丽 · 奥利弗（Mary Oliver），
美国诗人，1934 年出生。

露营

远离现代生活的喧嚣和重压，到户外小憩，露营是最简单的手段之一。近年，越来越多的人打起背包，备妥帐篷，迫不及待地奔赴向往已久的野外去度一次周末。

在郊野的早晨，温暖的太阳冉冉升起，柔和的阳光照在脸上，你慵懒地自然醒来，不似以往，唤醒你的是刺耳的闹铃声。伴随着“唧唧啾啾”的鸟鸣声，你先是揉揉惺忪的睡眼，抬眼望去，只见周边的树木婆娑，叶子沙沙作响，你大口大口地呼吸清新的空气。在这诗画一般的环境中，开始了新的一天美好的生活。倘若你要消除疲劳、恢复体力，给精神和身体再充电，变换环境只是第一步。

无论你是开启一次野营之旅，还是在某处现成的营地搭建帐篷，我们在此都可以为你提供一份须知的清单：

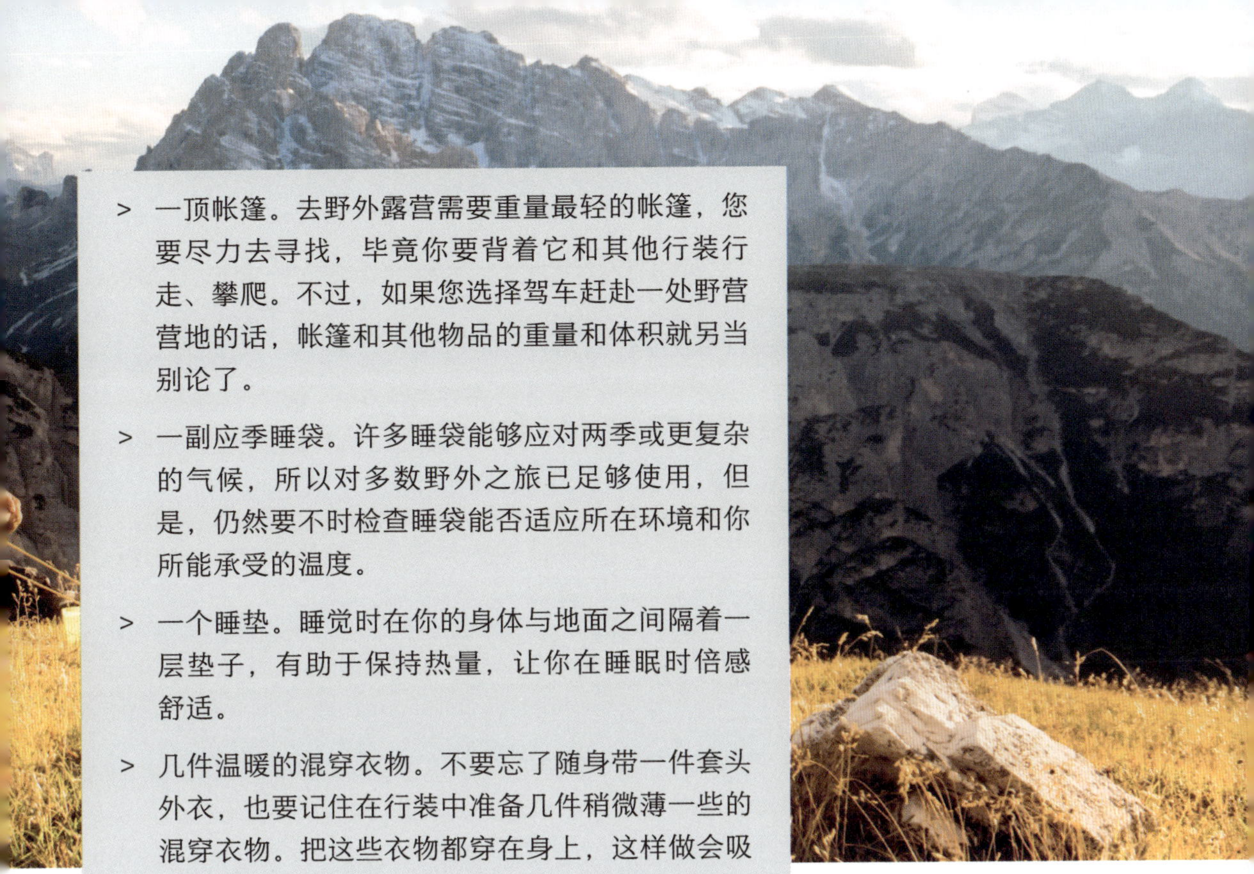

- 一顶帐篷。去野外露营需要重量最轻的帐篷，您要尽力去寻找，毕竟你要背着它和其他行装行走、攀爬。不过，如果您选择驾车赶赴一处野营营地的话，帐篷和其他物品的重量和体积就另当别论了。
- 一副应季睡袋。许多睡袋能够应对两季或更复杂的气候，所以对多数野外之旅已足够使用，但是，仍然要不时检查睡袋能否适应所在环境和你所能承受的温度。
- 一个睡垫。睡觉时在你的身体与地面之间隔着一层垫子，有助于保持热量，让你在睡眠时倍感舒适。
- 几件温暖的混穿衣物。不要忘了随身带一件套头外衣，也要记住在行装中准备几件稍微薄一些的混穿衣物。把这些衣物都穿在身上，这样做会吸收大量额外的热量，更加易于调节自身的体温。
- 废物袋 / 垃圾袋。这些东西十分实用，你既可以在夜晚把靴子放入这些袋子，保持干燥清爽，又可以装垃圾。
- 一把手电筒。在夜间寻找物品时非常方便，起夜如厕时找厕所也很实用。
- 带子 / 绳索。手边备些带子或绳索会使你倍感便利。你可以用它们当作临时晾衣绳，也可用它们捆扎物品。
- 厨具。出发前确定好你将要烹煮的食物，事先尽可能预备充足。你所需要配备的物资和设备包括：某种式样的野营火炉和燃料、火柴（防水）、一口烹饪食物的锅、餐具，以及一个开瓶器。
- 卫生纸。若是你选择在一处野营营地宿营，那里不能保证有大卷厕纸供应。因此，还是提前准备好为妙。

那些在野外徒步的人，不惧风吹雨打、酷暑严寒，披星戴月，风餐露宿，他们才是我们这个星球最有主见、最独立的好汉。

霍勒斯 · 凯普哈特
（Horace Kephart）

燃起篝火

人类天生就喜欢火。人们能从火苗那里感受到温暖和安全。多人聚集在火堆旁一起交流，有助于人类进化成一个社会性的族群，所以在野营地点起一簇篝火依然让人倍感舒适，这再自然不过，即使今天也不例外。

一处篝火能点燃你所有的感受，猛烈的橙色火苗散发出炙热的光芒，有催眠的效果；热墙、烟的味道、木柴燃烧发出的“噼噼啪啪”的声响——吸引着你的注意力。火苗的这种催眠作用，尤其是在人群中经历这样的场面，会使人减少焦虑，感到更加安逸。近年来，有科学证据也证明，围坐在一堆营火旁，能产生镇定效果、降低血压。所以，在任何一次野外宿营过程中，可能点燃篝火是一项必不可少的内容，对此的记忆也会长久地持续。一旦你了解了这其中的奥秘，点燃一堆篝火简直易如反掌。

点火指南

1. 寻找一处宽敞空旷的地点，距离树林、灌木带和悬垂的树枝至少数米以外。在放置燃料之前，尽可能清除地面上的一切易燃物，例如小树叶或小树枝。手边一定也要有水源，以便浇灭篝火。

2. 在你要点燃篝火的地方用岩石或大块石头围成一圈。最好用坚硬的岩石（勿用软质或分层的岩石），同时保证石头干燥。如果地面潮湿，在石头圈的中间位置用干燥的小树枝搭一个筏子状的结构，与潮湿的地面隔开，以便生火。

3. 下一步就需要火绒、引火物和燃料。火绒应当能快速燃烧，易于点燃，像干草或报纸（请参见第 29 页，如何自己制作火绒）。引火物应该比较容易点燃，但燃烧时间应长于干草，如大树枝或硬纸板都是较好的引火物。至于燃料，可寻找（或者自带）大量的树枝和木材，这些木材小的只有拇指粗细，大的就跟你的胳膊差不多。

4. 第一步，将火绒放在石头圆圈的中间，第二步，把引火物搭成圆锥形，置于火绒的顶端，留下一个小间隙以便点火。为确保篝火大小能保持在可控的范围内，这个结构不应当宽于你的一拃［张开拇指和中指（或小指）两端间的距离］。

5. 用火柴或打火机点火，或者用点火器引燃火绒。点火时应当轻轻吹火绒，直到出现火苗。一旦引火物燃烧充分，就开始把最小的木块添入火堆，再慢慢加入大的木头。通过不断加柴，篝火能燃烧很长时间。

6. 让木柴慢慢燃尽，熄灭篝火。之后，用大量的水泼向火堆，直至余火被彻底浇灭。用一根树枝或其他工具，翻拨部分烧焦的树枝，确信没有任何发烫的余烬。这时，将灰烬和余烬混在一起，用水泼湿，确保无法再次燃烧。等到所有的东西都已完全凉下来，用手可以触摸时，用一根树枝掘开篝火下面的地面，把已冷却的湿润灰烬小心地散开，并用树叶或其他自然界的物质覆盖起来。确保在离开时将该处场地恢复如初。

如何利用营火煮饭

倘若开始煮饭，你要准备一把树锯或一把折叠锯，还有一口像吊桶一样的锅。

> 用锯锯开两段大树枝。树枝直径约 5 厘米，长约 1 米，每一段的顶端都呈一个“Y”形。然后从树上再锯下一根新鲜的树枝，与前两根树枝的直径和长度相仿，但不要做成“Y”形（新鲜树枝比干枯的树枝重些，其树皮不会脱落，树枝上可能长有苔藓或其他真菌）。要确保这根树枝一定要是刚从绿树上锯下的，不易燃烧。

> 点燃篝火之前，把两根“Y”形树枝插入土中（若是随身带着木槌的话，用木槌敲打），固定在火堆两侧。要保证两根树枝之间的距离不长于新鲜树枝的长度。下一步，把锅吊在新鲜树枝上，并调整“Y”形树枝，使饭锅平衡。根据情况，你可以调整插在地上的树枝之间的高度，保证煮饭的锅尽量靠近火源。

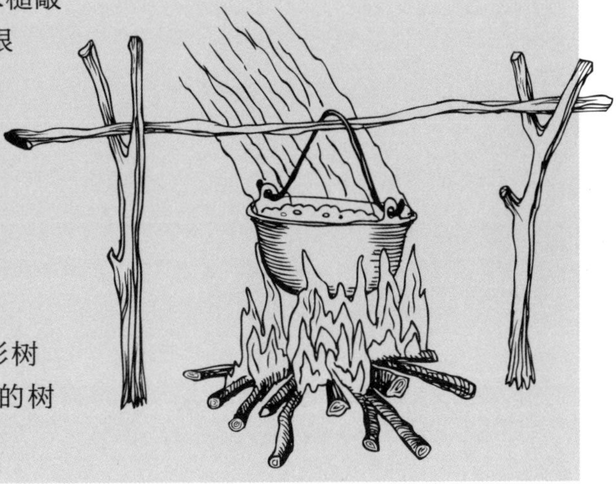

> 当你可以确定两根支撑的“Y”形树枝处于稳定状态后，就可把绿色的树枝和锅挂在上面，并开始生火。

I JUST NEED
TO GO
Camping
（我只是需要去露营）

用野营炉煮饭

如果在野外遭遇暴风雨，我们恐怕就没有办法点一堆篝火煮饭了。不过没关系，野营炉也能帮我们的大忙。这种火炉重量轻，携带方便。有了它，我们在经过一整天的车马劳顿甚至有惊无险后，可以美美地做一顿热乎乎的晚餐，食物虽然看似简单，但此时此刻确是世界上独一无二的享受。

假如要使用野营炉，通常你要携带一些天然气，所以你要正确并安全地进行操作，这一点至关重要。野营炉用的都是一罐一罐的气体，没有别的形式。另外，燃料必须放在一个干燥的地方，与野营炉分离，保持直立状态。

若是将野营炉放置在一处平坦的地面，就能发挥出最卓越的性能。所以，不要怕麻烦，花些时间去寻找一处完美的地点是非常值得的；或者你自己用石头和树枝（树枝必须结实牢固）搭建一个水平平面。想方设法选一处背风的合适地点，否则点燃燃气会非常困难。

现在谈谈煮饭用的锅。煮饭锅的大小应当尽可能与火炉的外环直径差不多。或者稍微大一点，这样能够使野营炉的热效率最高。如果可能，你选用的煮饭锅要带有一个盖子，以便尽可能存储、保持热量。

为节省煮饭时间，应先把食物放在冷水中浸泡 5~10 分钟，如意大利面和大米，然后再把这些泡好的食物倒进沸水锅里，这样会节省在火苗上蒸煮的时间。

饭做好后，将燃气炉放置足够长的时间，待它彻底冷却后，再拆掉气罐或气筒。

自己制作野营炉

在寒风凛冽，大雪纷飞的严冬夜晚，你待在家中，盘算着野外探险的行程，这个时候，自己动手制作一个野营炉，是一件颇费时间的事。制作野营炉需要两个空的食品铝罐，其中一个应当能套进另一个。使用之前要去掉所有标签和每个铝罐的盖子（使用罐头启瓶器），保证清洁和干燥。千万注意防止铝罐的锐利边缘割破手指。

1. 选那个稍大的铝罐，将它倒置，使铝罐的底部朝上。把小铝罐放在大铝罐的上端，在大铝罐的底部围绕着小铝罐画一个圆环形。用剪金属的剪刀剪去大铝罐的中间部分，把剪切的边缘锉光滑。

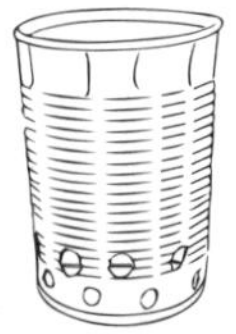

2. 把大铝罐倒转过来，用小钻头围着底部钻一圈小洞。然后再钻上面的另一圈小洞，与前面的一圈排列好，用更大的钻头把小洞扩大。

3. 拿来小铝罐，用小钻头在铝罐的底部钻满小洞，保持均匀分布。

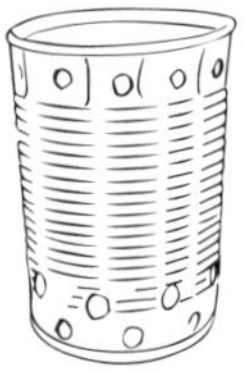

4. 跟小铝罐一样，围绕大铝罐外围的底部也钻两圈小洞。最后，围着小铝罐的顶部边缘再钻一圈更小的洞。

将可燃物（小树枝、小块纸壳和松果）装满小铝罐，再把小铝罐装到大铝罐里，要确保铝罐放置在土壤、混凝土或耐热的表面上，你也必须留在旁边，不要走开。下一步是用火柴点燃燃料，然后就可以准备煮饭了。若是在煮饭过程中燃料烧完了，很简单，往里面加即可。

可口的野营辣椒豆 2~3 人份

配料

- 1 个洋葱，切成小块
- 1 勺橄榄油
- 1 罐烘焙的豆子
- 1 罐用辣椒酱泡制的四季豆
- 1 罐切碎的西红柿
- 1 勺大蒜粉
- 1 勺辣椒粉（要是希望口味更重，可以多加一些）
- 1 勺红辣椒
- 盐和胡椒，为了使奶酪更加可口，还要准备切碎的葱和硬皮面包，这是备选项

制作方法

- 在平底锅上把油加热（尽量控制为小火），然后加入洋葱，烹制至半透明状态。
- 加入烘焙过的豆子、四季豆和切碎的西红柿。不断搅动，把这些东西拌在一起。加入大蒜粉、辣椒粉、红辣椒，搅拌彻底，再炖 20 分钟。
- 加入盐和胡椒等调味品，使味道更美味可口。再加入奶酪和葱，味道会更好。把大块硬皮面包放在旁边。
- 重要提示：倘若你计划在露营时煮饭，请提前把每餐需要的各种调味品放在一个器皿里，以防到时手忙脚乱。

在篝火上制做棉花糖甜点

配料

- 棉花软糖
- 浓茶饼干
- 太妃浆
- 巧克力

制作方法

- 把棉花软糖放在一根长树枝上（请参见第 29 页），在野营篝火上烘烤，直到软糖开始变黏稠，颜色变成金黄色。
- 把棉花软糖放在一块浓茶饼干上，然后将太妃浆慢慢地均匀洒在上面，再加上几块巧克力，最后用消化饼干贴在巧克力上，做成一种带巧克力味的美味甜点。

篝火烤串 4人份

配料

- 1个黄辣椒，切成很小的块
- 1个红辣椒，切成很小的块
- 8个小蘑菇
- 1个茄子，切成很小的块
- 1个西葫芦，切成薄片
- 8个樱桃 / 梨形西红柿
- 1勺橄榄油
- 柠檬汁（可任意选择）
- 盐和胡椒
- 4根超长的扦子（自己削制或在商店购买）

制作方法

- 如果你自己削制扦子，可以严格按照制作棉花糖棒的方法来制作（请参见第29页），还要把尖部以上的更多树皮削掉。
- 清洗并预备蔬菜。这些工作应提前做好，以免在露营时乱成一锅粥。
- 把蔬菜一份份穿到扦子上，每一支扦子上的配料应交替穿插，保证每支扦子上的蔬菜至少有两种。
- 均匀洒下橄榄油和柠檬汁（如需要的话）以及调味品。
- 在篝火上烘烤5分钟，或者直到蔬菜被烤软。

搭建风雨棚

如果你还需要什么的话，那就是搭建一个风雨棚，这件事再简单不过。在你遭遇暴风雨时，它可以使你不受雨淋。搭建藏身处还能带来一种乐趣，在这个自己建造的舒适小角落里听听鸟鸣，让这里成为你的野营炉的一个防风处，或者作为在静谧的森林里一个静坐和沐浴的遮挡空间。

柏油帆布或防潮布是搭建风雨棚的关键所在，这将决定你要建的样式。一定长度的带子、绳索和固定帐篷的桩钉也是有用的材料。

（去露营吧！）

方法一

准备一块柏油帆布和几个桩钉。然后找两棵树，彼此间隔数米。用带子或绳索把两棵树连在一起，就像一条晾衣绳。直接把柏油帆布搭挂在绳索上，用桩钉或大石头将帆布的边角固定在地面上，这样，一个风雨棚就搭成了。只要你把这个风雨棚的一个边与风的方向形成一定的角度，这样防雨的效果极佳。

方法二

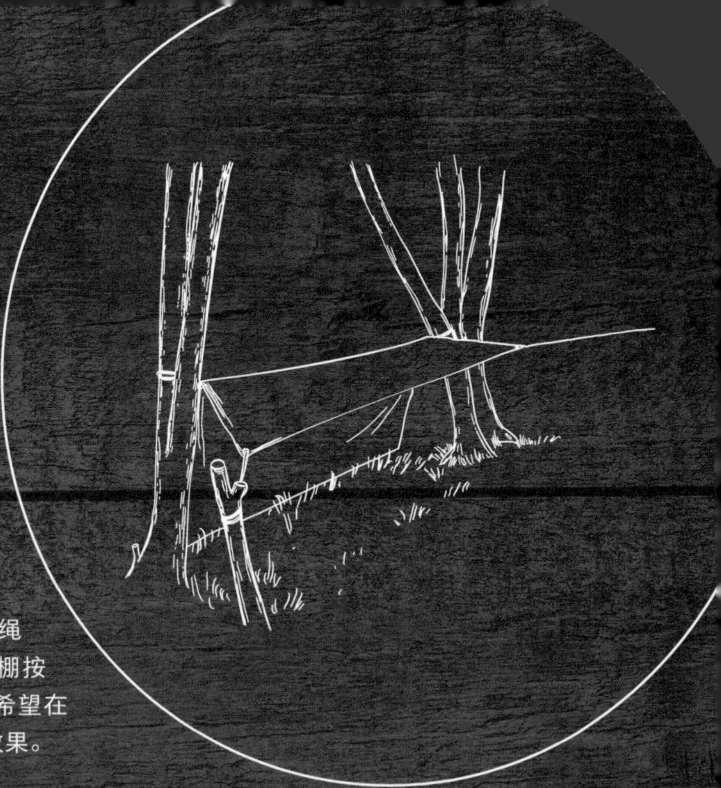

采用第二种方法搭建风雨棚时，你需要找 4 棵树，约呈一个方形位置。柏油帆布、桩钉和带子或绳索将继续派上用场。重复方法一中的步骤，在两棵树之间系上带子或绳索，像一根晾衣绳，在绳上搭起柏油帆布，把帆布的一侧悬垂在地面上，用桩钉固定住。然后，抬起另一侧，与地面成 90 度，用短带子或绳索将每一角系在另外两棵树上。风雨棚按这种方法搭成后，视野特别好。若是希望在此用野营炉做饭的话，还具备防风的效果。

方法三

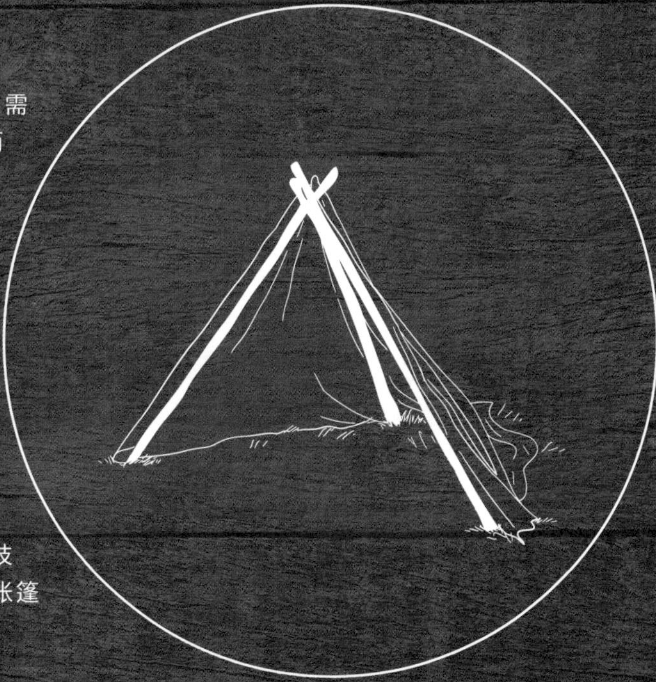

用这种方法搭建风雨棚，需要 3 根又长又直的树枝（其中两根应大约 2 米长，另一根可稍短）、帐篷桩钉和一定长度的带子或绳索。将两根长树枝以一定的角度插进地里，形成一个三角形。树枝的顶端应稍稍交叉。取来短的那根树枝。把其中一端搭在用前边两根树枝搭起的支架上，把另一端插进地里。把柏油帆布搭在三根树枝形成的结构上。用带子或绳索把顶端（三根树枝交叉的位置）固定住，底部的帐篷桩钉也要一并固定好。

寻找水源

众所周知，人体保持适当的水分对于身体健康至关重要，因此设法找到水源是最重要的生存技能之一：尽管人类在不吃任何食物的前提下能存活三周，但要是不喝水，我们只能存活三天。知晓在何处取到救命之水，并且懂得安全饮用，将会大大增强作为一名户外探险者的信心，也将帮助你掌握一些关键技巧，使你能在旷野中从容自若、游刃有余。

如何找水

水一般是从高处流向低处，所以你寻找水源时应当从较低的位置开始，这是明智之举。你也可以观察周围的野生动植物：如果你身边有几条小径，或者存在许多生命的迹象，表明很可能附近某地就有一处水源。

如何采集水

假若找不到水源，也不必紧张，有许许多多采集水的方法。如果赶上下雨，在几棵树之间系上一块柏油帆布，调整好角度，使收集的雨水能流到一个水桶里。若是在清晨，把几件 T 恤捆到腿上，在沾满露珠的草地上奔跑。这些 T 恤会沾上水滴，变得潮湿，把 T 恤拧干，让露水流到容器里。

净化水的方法

由于沾染了泥土、细菌或化学用品，在野外采集的水一般不洁净，不能直接饮用，必须进行净化处理。除非是在高纬度、快速流动的溪流中取的水，你才有把握能安全饮用。净化水的过程不难，你可以从商店购买净水过滤器，还可以用净水药片。净化水也有其他替代方案，可以自己做一个简单的过滤器，只需用一只袜子和在野外环境中找到的几样东西即可。取一只袜子，装上一层沙子和小鹅卵石，最后再塞入稻草。把水倒进这个简易过滤器中，记住抓住底部。完成这个步骤后，水中的混浊物（泥巴、土、沙砾等）将会被清除。然后把水倒入罐中，盖上盖子，煮至滚沸至少 4 分钟，就能杀死残留的细菌。

FIND
YOUR
SELF
（发现自我）

切削与刀刻

运用野外生存技能时，充分利用你周围的环境，可大大提高你的生存机会，比如通过切削树枝和木棍做出你所需要的东西。发挥你的聪明才智，利用自己的双手，可以制作出杯子、调羹、点火器甚至帐篷桩钉。

后面的所有工作都需要一把刀具。刀具选择的范围非常广，包括小刀、折叠刀，但使用一把有固定刀刃的刀具（不用时放进保护性刀鞘）可能是最安全的，因为不需要将刀刃折叠。当然，你也可以在户外用品店和网上买到专门用于切削的刀具。

刨刮

先找东西进行刨刮是训练切削技能非常好的一种方法，刨花也是点燃篝火绝佳的易燃物（请参见第12页）。找一段干燥木棍（遍地都是），将刀刃背向自己，顺着木棍的边缘，以稍倾斜的角度慢慢地削，形成的就是刨刮过的木棍和刨花。

棉花软糖棍

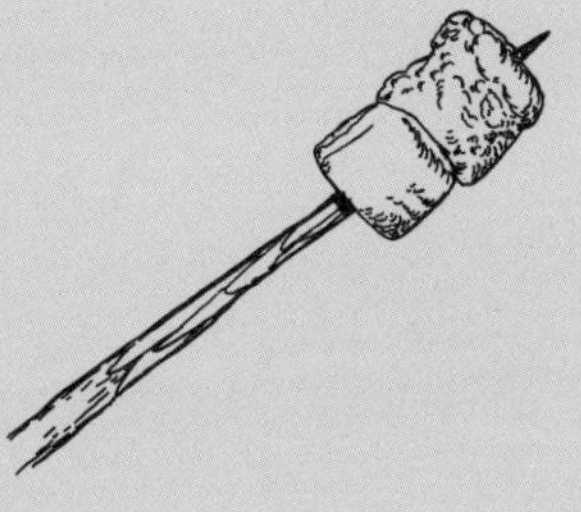

与上面的程序相似，在你周围的区域内找一段干燥、没有苔藓的木棍，与铅笔差不多粗，长度约为50厘米。用刀子将木棍的一端削尖就做成了棉花软糖棍。

羽毛状的木棍

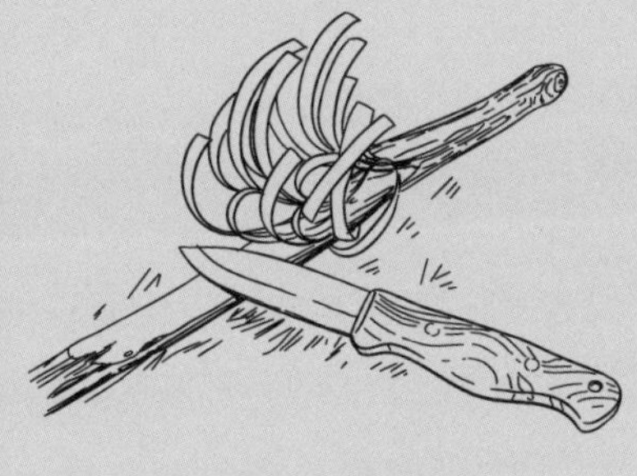

一旦你掌握了刨刮的技巧，尝试着去削一个羽毛状的木棍。你尽可正常刨刮，但在刨花快要断开时停止刨刮，这样就形成了一个卷曲的羽毛状木屑。在木棍的另一侧重复同样的程序，直到刨出一个类似羽毛掸子的形状。如果遇到干草不足的情形，这些刨花都是上佳的火绒。

帐篷桩钉

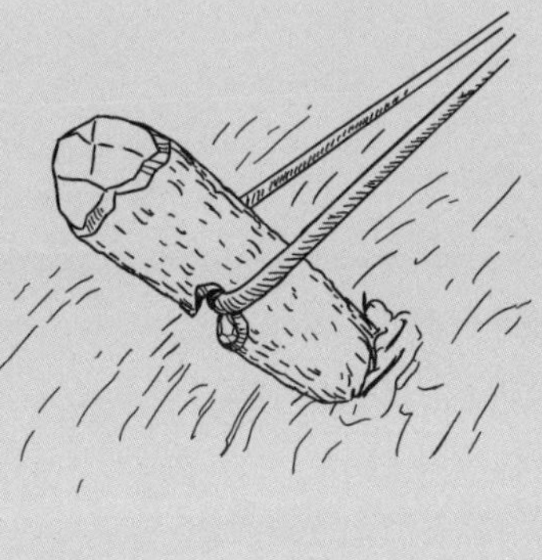

倘若你雄心勃勃，刨些木花还不过瘾的话，那就再试试稍大些的活计，自己做一个帐篷桩钉。这时，一把刀就不够了，还要加上一把帐篷用锯或折叠锯。找一些粗的木棍，大约20厘米长，直径3厘米。用刀把一头削尖。之后在距离未削尖的那一端大约5厘米处，用锯锯开木棍的大约四分之一。再换成刀子，于锯开的地方呈45度角再削一下。这样就形成了一个凹口，捆扎帐篷的绳索就可在此被卡住。最后，用刀把桩钉的顶端修圆。修圆后，当把桩钉敲进地下时，能够防止开裂。

搜寻食物

历史上，人类进化成采集、狩猎者，完全靠四处搜寻食物才能生存下来。但在今天，我们当中的许多人并不需要这种技能，但搜寻食物是了解自然世界的一种极好的手段，可以通过这种方式重新对大自然进行接触。另外，它的回报也会令人惊喜，就像现实世界的寻宝游戏。在野外，这种活动的奖品就是一盘丰盛的美馔，这是你不惜被树枝刮破，辛劳寻找并亲自烹制的美味。从最初易于找寻的叶子和浆果，到需要费尽周折才能找到的各种食物，我们在后面提供了用一些在野外找寻到的配料烹制食物的食谱。下面是适用于任何一次进行野外寻找食物的黄金法则：

> 若是你对找到的东西能否食用没有绝对的把握，那么在任何情况下都绝对不能吃。假如你想得到指导的话，那么在野外找寻食物时请先找一份野外指南。

> 某些药草和植物会发生药物反应，所以如果要采集这类植物，请与医生确认所有的细节。

> 倘若需要在野外寻找野浆果，务必事先取得土地所有者的同意。

> 如果你是首次参与这类活动，必须确保待在一个安全的环境，并且与其他人在一起，以免出现过敏反应。

> 寻觅时，在同一个地方不要采集过多的野果，因为这将破坏此处的植被。尽可能在大范围采集，以自己的所需为限，不过量采摘。

> 某些区域可能喷洒了杀虫剂，请引起高度警惕。例如，长在路边的植物往往都被撒上了农药。若是不能确定，再谨慎小心都不为过，千万不要在那样的区域采集野果。

LIFE IS BETTER
BY THE
CAMPFIRE
（野营的篝火让生活更美好）

森林与林地

步入茫茫林海，你就进入了一个完全不同的世界。森林的静谧、庄重和神秘吸引着无数的人，同时它又色彩斑斓、鸟语花香、郁郁葱葱、生机盎然，充满着无穷的魅力。无论你在森林的任何一个地方，你都会有新的发现，包括上方翠绿浓密的树冠和脚下的地面。在这青翠欲滴的林间，你可尽情地漫步、放松、攀爬或探秘，茂密馥郁的森林就是一个创造奇迹的王国。

森林浴

茂盛浓密的大森林沉寂、静谧，与人们日常生活当中的喧嚣和忙碌形成了强烈的对比。在这辽阔的林海中，你尽可恢复体力和精神，为自己充电，完全放飞自己。

这种思路（大森林具备疗养身心的神奇功效）是日本森林浴的核心理念。这个概念很简单：在森林中穿行，多花些时间待在林间，尽情享受你周围的氛围——森林中清新、绿色的空气；灿烂的阳光；悦耳的鸟鸣；松软的大地踩在脚下，谱写了一曲轻松欢快的森林乐章。在茂密的森林中漫游，你会完全被这样的美好情景所吸引，身心愉悦，疲惫的心灵得到解压。

森林浴会对身体健康带来很多益处。可以强化人的免疫系统，降低血压，提高能量水平，改善心情、睡眠和注意力，甚至加速人体自我疗愈的能力。研究结果也表明，对在森林中有过一段旅游经历的人们进行测试，敌意和具有侵略性的等级会降低。人待在一处自然环境里，周围风景优美，会提高积极性和幸福感。

投向大森林的怀抱吧，那里林木茂盛，拥有蓝天白云，没有什么能赶得上森林带给你的轻松和惬意。

约翰·穆伊尔（John Muir，1838—1914年），苏格兰裔美国环保主义者、自然学家、探险家、作家、发明家、工程师和地理学家。

森林是大地的绿肺，能净化空气，赋予人类清新的力量。

富兰克林·D. 罗斯福（Franklin D. Roosevelt，1882—1945 年），第 32 任美国总统（1933—1945 年），20 世纪世界上最著名的国家领导人之一。他带领美国走出大萧条，在第二次世界大战中，他的卓越领导使美国取得了战争的最后胜利。

林间漫步

徒步能给人带来放松和恢复身心的快乐，人类数百年前就已充分认识到了它的好处。在瞬息万变的时代，技术进步日新月异，各种便利唾手可得，纵然如此，也没有什么能比在绿树葱茏的林间漫步更能让人精神焕发。

与绿树共度时光

真正地拥抱大自然！当你在森林和林地中穿行，可直接感受你身边的世界：树叶的纹理，一朵鲜花中柔美的花瓣，或者淙淙小溪中的流水。在林间，尤其让人倍感松弛的是参天大树。这些大树仅仅是矗立在那里就让人神闲气定，宛如注入了一支天然镇静剂。但进一步的事实已经证明，张开双臂拥抱大树几分钟更会给你带来实实在在的健康益处，例如减轻压力，令人感受到积极向上的力量、自信心和宁静，使心灵更加放松、安宁。

用你的双臂环绕大树的树干，如果可能，钩住双手的手指。面对树干，放松面颊神经，闭上双眼，感觉舒缓下来的心跳。这时，你可慢慢体会到这棵树的安宁和坚定，想象着粗壮的树根深深地扎在地下，修长的树枝高高地耸入云霄。这种脚踏大地的感受很快就传递到了你身体的每一个细胞。

与其说森林能吸引人的心扉是因为它的美丽，不妨说是因为它有一种微妙的东西，那就是参天古树所散发出的清新气息。它沁人肺腑，能改变人的心情，恢复人的元气，效果很神奇。

罗伯特·路易斯·史蒂文森（Robert Louis Stevenson，1850—1894 年），苏格兰小说家、诗人和游记作家。

树是大地
写在天空中
的
不朽诗篇。
卡里尔·纪伯伦（Kahlil Gibran），
黎巴嫩著名作家

拥抱自由的灵魂

爬树

如果你想寻求探险的刺激，感受登上新的巅峰的感觉，那么试试爬树吧。

找一棵结实牢固的大树——长着低垂的树枝，顺着树干向上攀爬，也可顺着树枝向四周移动，你将会捕捉到新的景色，而这种新的景观甚至会与高度相差仅一两米处的景观迥然不同。或者，如果你想尝试更多的挑战，可以去进行娱乐式的爬树运动。有很多公司开展这项业务，他们会为你提供安全装置和绳索，这些专业装备会帮助你爬上那些很高的大树。随着你在高高的空中鸟瞰浩瀚的林海，你会感到自己的心灵在腾飞。

要想领略大森林的美景，爬树是一种完美的手段，这种非常棒的活动一年四季都可开展，有助于你改善肌肉力量，也能产生一种成就感。

注意：千万不能独自爬树。必须保证你要爬的树安全可靠，完全能承受你的体重。绝对不要攀爬到你无法安全、顺利下行的高度。

欲知何为力量和毅力，张开手臂拥抱大树吧！

哈尔·博兰（Hal Borland）

定向越野

对于那些热衷于某些有益竞赛的人们，定向越野就是为你量身定做的一项完美运动。这种探险性的体育运动要求从 A 地尽可能快速抵达 B 地，你能利用的只有一张地图、一个指南针和你的智慧，此外就不需要任何其他装备了。只要你穿着一双结实的鞋子和合适的户外服装，那就出发吧。

定向越野是一项非常令人振奋的运动，它除了能帮你把周围的山山水水探个明白外，还会磨炼你的导航能力——在读图应用软件铺天盖地的时代经常被忽视的某种能力。定向越野通常是一种团队运动，所以积极参与进来，你会有机会结识并联络新朋友。

假如这个主意具有吸引力，但不具有竞争的内涵，你可以参加各种各样的野外定向运动俱乐部，他们每周都会举办各种聚会和活动，让你练习这项技能。在这里，你完全无须顾虑限时的压力。

W
S
E

夜间徒步

在皎洁月光的映照下，一望无际的大森林呈现出一个与白天时完全不同的景象。起初，它会产生阴森森的神秘感，但在夜色的掩护下，依然会有大量活动能够开展，森林自身依旧像以前那样妩媚迷人、神秘莫测。

停留在靠近森林边缘的树丛中，你可以观察，随着太阳日落西山，世界从翠绿到金黄，再到昏暗的状态。近距离观察那些在夜色朦胧中现身的夜行动物，如獾。聆听老鼠的窸窣作响、狐狸的吠叫。在茂密的树冠上空，你甚至会发现蝙蝠或猫头鹰在穿越。要是你能等到天完全黑下来，请留意夜色如何会变得越来越美，你的听力也将更加敏锐，尽情享受夜色森林中浓浓的朦胧氛围。

怎样最宁静地踏入宇宙？
走进旷野中的森林。

约翰·穆伊尔

树顶间漫步

寻找一处设置在树梢上的步道，享受鸟瞰林海的快乐。这种别具一格的视角能让你从每一株高树的树顶欣赏美到极致的风景，可以百分之一百地肯定，这样的森林体验你一辈子都不会忘记。

追踪动物

森林中生存着无数的生命，所以假如你想在野外见到动物，那么森林就是你开始这一步的绝佳去处。寻找和跟踪动物足迹需要足够的耐心，不过一旦你掌握了识别相关线索的能力，会给你带来意想不到的惊喜。仅仅从一个动物的踪迹就能发现有关生命的许多内容，你会对此深感惊讶。

关于寻踪的重要提示

> 在你身边的树林查找动物可能的栖息地。它们留下的痕迹大概是什么样子？动物栖息地有何特征？这些动物依靠什么进食？

> 假如你正在追踪某一只具体动物，要确定它是捕食者还是猎物。这只动物在食物链中的地位将会对其行动产生影响，这将有助于你大大缩小追踪范围。

> 寻踪的最佳时间是在夜晚、黄昏或清晨。动物们通常在一天中的这些时段都比较活跃，所以发现动物新鲜踪迹的可能性就更大。

> 某些最佳线索非动物留下的印迹莫属，这些印迹能在软泥或水坑中发现，也会在被践踏的尘土和树叶中找到。如果发现这些痕迹，确认脚趾的数量、足部的形状，或者是否有爪子，以确定是何种动物。查验这种印迹的图案，辨识这只动物的行走方式，也会提供其物种的线索。跳跃前行（四个足印，所有的脚都落在一簇）可能意味着雪貂出现了；单足跳（四个足印，后脚落在外侧或前脚的前方）表明可能是兔子；交错前行（与人类的足迹更相像）的足迹有可能是有蹄动物留下的，如鹿。

> “动物印迹”并不只是足印这一种痕迹，动物留下的所有痕迹都能够作为搜寻的证据，这都算是“动物印迹”。这意味着地洞和小孔、动物的粪便、任何刮擦的痕迹、觅食或杀戮现场都可以作为有用的线索，帮助你确定是何种动物以及它们的藏身地点。

> 确认你正在追寻的痕迹是新留下的还是以前的。新足迹和刚刚排泄的粪便的边缘往往更加光滑，而原来留下的比较干燥，且出现开裂。如果你关注的是被移动过树叶和灌木丛，它们的色调通常比周围地区更深，设若刚刚被搅动的话。

> 有些动物比其他动物更容易找到，比如长着蹄子且体形较大的动物，它们留下的痕迹会比较明显，证据更容易找到，而那些软足动物的印迹较浅，不易确认。只要你保持足够的耐心，不断地观察，就肯定能在其天然栖息地准确定位一只动物。

兔子的足迹

鹿的足迹

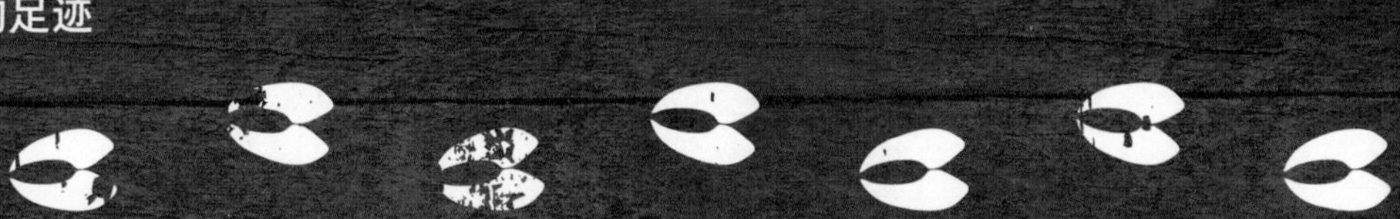

獾的足迹

观鸟

观鸟的确是生活中最容易实现的乐趣之一。顺着森林中的小径找一处地点停歇下来，侧耳倾听，四处查看你周围的环境，既看树顶，也留意脚下的灌木。这可能需要几分钟时间，但很快你就会发现各种在森林中栖息的鸟类不停地飞来飞去，重复它们每天的生活。

观鸟重要提示

> 出发之前，要了解栖息在你所处区域的鸟的种类，或者买一份野外指南，帮助你辨别你所看到的鸟。也可以对你所看到的、所确认的鸟类做个记录，统计一下总共看到了多少种。

> 与你所在地区的观鸟组织保持联系。他们会掌握观鸟热点地区的最佳信息，对最新的观察活动发布提示。观鸟过程尽管很安静，但这种行为也是一种社交活动，许多观鸟者会非常乐意与你交流和分享他们的知识。

> 观鸟时须穿着深色服饰，融入周围环境。这将会使你伪装得很巧妙，鸟儿们在你周边活动时可能也会感到很放松。

> 观鸟时，倘若你配备一副双筒望远镜，可以更清楚地观察鸟类活动，也会有意想不到的收获，但这并不是必需品，人的裸眼也能很好地观察鸟儿。

> 随身携带照相机。鸟儿千姿百态，争奇斗艳，靓丽非凡，随时抓拍鸟儿的美妙瞬间可能会给你带来一份精致完美的纪念品。

> 记住要尊重鸟类，不要打扰它们或它们的栖息地。留在林间小径上，不要踏进鸟儿们的领地，也无须非常近距离地接触它们，把你发出的各种声响降到最低程度。

> 若你是在鸟巢中观察一只鸟，应千万小心，一定要与它保持距离，因为鸟类特别敏感。它们可能会被吓跑或变得具有侵略性，这两种情形对鸟巢中的鸟蛋或雏鸟都十分不利。

心中有绿树，
鸣禽自然来。

中国谚语

让我们迷失在茂密的林海中吧！

· 寻觅你自己的野外活动理念 ·

森林瑰宝：熊葱

在北半球每年的3月到6月，森林和林地都会长熊葱。这种植物会散发出独有的大蒜味道，通常你会先闻其味，后见熊葱！它虽然长着长矛般的叶子，但与小簇小簇的洁白星形花朵比起来，就显得黯然失色，而且熊葱的生长数量特别多，往往像地毯般铺满了地面。尽管通常不提倡采摘野花，但由于野花漫山遍野、铺天盖地，所以在野地里摘几片树叶、采几朵野花倒也不会产生什么不良影响。

熊葱的叶子和花朵都能食用。叶子能直接生吃，或者用在酱汁和汤里；在夏末盛开的花朵是沙拉绝佳的佐料。这种植物含有许多有益于健康的成分：维生素A和C、钙、铁，具有杀菌的功能，据说熊葱还有降低胆固醇含量和血压的功效。

采摘时，请使用普通剪刀或修枝剪刀剪掉熊葱的叶子和花朵。将这些采摘物放入一个塑料袋里，由于叶子易被损伤，请注意轻拿轻放。回家后，立即将摘到的叶子和花冷藏，能保存长达一周的时间。

注意事项：寻找熊葱时，要小心：熊葱的模样与山谷里的百合很像，山百合有毒。如果你认为某种植物是熊葱，采摘之前，要先摘一片叶子，用手指碾碎。假使蒜味浓郁，就可以放心采摘和食用。

熊葱香蒜酱 4 人份

配料

- 80 克熊葱叶（如需味道更好，还可多加）
- 30 克帕尔马干酪，需搓碎
- 30 克松子
- 3 匙橄榄油和少许柠檬汁，视个人口味适当加盐和胡椒粉
- 400 克新鲜意大利面或西红柿（烹饪时需切成片）

制作方法

- 将熊葱叶彻底洗净，晾干表面水分。
- 把熊葱、帕尔马干酪、松子和橄榄油放进搅拌机，快速搅拌至松软状态。还可以用杵和臼来捣。
- 然后加入柠檬汁、盐和胡椒粉，用来调味。如果你偏爱稍微清淡一些的香蒜酱，还可以多加一些橄榄油。
- 将香蒜酱与意大利面充分搅拌，就可以吃了；或者把香蒜酱淋在切成片的西红柿上面，一盘美味的沙拉就做成了。

森林瑰宝：接骨木花

大约在6月，接骨木的枝条上绽放出很多乳白色的小花。这种花最容易识别，其典型特征是散发出甜美、清新的夏日香气，这种芳香在天气温暖的时候尤其浓郁。

接骨木的花和浆果是这种植物可食用的部位，通常在食用之前要先进行烹制。它们最常用于酿制甘露酒，这种酒加到饮料、果冻、冰激凌、酱料、蛋糕和面包屑中，是一种上佳的调味剂。将接骨木花应用在传统药物中已有多年历史，据说具有消炎的功效，所以含这种花的饮品也可以当作一种舒缓药物，用于感冒、发烧或其他呼吸疾病的治疗。

请注意，采摘这些花之前，一定闻一下气味，只要闻起来既甜美又清新，就可安心使用。采摘时，请用剪刀剪断花头，或者用手指折断花头，把鲜花放进一个不带盖的篮子里，或者麻袋里。千万记住不要盖上篮子盖或把装入接骨木花的袋子扎口，否则这些花会被捂出水珠，无法再吃了。

注意事项： 小心不要将毒芹与接骨木花弄混，前一种植物有毒。毒芹自地面生长，它的花开在茎干的顶端，形成了多个圆形的小花枝，而不是一个扁平的伞状花枝。

接骨木花甘露酒 大约 1 升

配料

- 20 个接骨木花花头
- 650 克精白砂糖
- 1 升水
- 用 2 个不上蜡的柠檬榨取柠檬汁，并取柠檬皮备用
- 用 1 个不上蜡的酸橙榨取酸橙汁，并取酸橙皮备用

制作方法

- 先把接骨木花好好抖一抖，除掉里面的虫子，然后冲洗干净，再进行下一个步骤。
- 将水倒入一个较大的平底锅里，慢火煮沸，加入白糖，直至完全溶解。
- 将平底锅从火源移开，加上柠檬和酸橙的皮和汁，搅拌。
- 把接骨木花的花头放进平底锅，一定将花朝下没入水中，花柄露在水面之上。然后，把剩下的柠檬皮切成片，也放进锅里。盖上盖子浸泡一夜。
- 用纱布或优质的茶巾过滤液体，得到的就是甘露酒，装在瓶子或罐子里，在冰箱里最长可保存三个星期。
- 饮用时加水稀释，或者加到其他饮品中，如普罗塞克汽酒、白葡萄酒或杜松子酒。

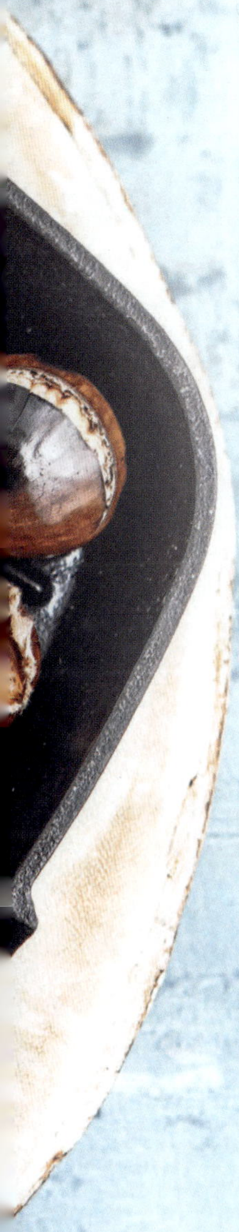

森林瑰宝：欧洲栗

采集欧洲栗的最佳季节是在晚秋。每当黄昏降临，你可以用这种大森林馈赠的山珍做一顿美餐，在良辰美景中尽情享受。

欧洲栗的烹制方法有很多种，既能单独吃（经过烘烤），也可以放在馅饼、汤和沙拉里吃。欧洲栗富含膳食纤维，有助于调节胆固醇水平。它还有与其他坚果不同的特色，即欧洲栗的蛋白质和脂肪含量较低。而它的维生素 C 含量较高，这就意味着这种栗子是一种抗氧化剂，有助于改善人体的免疫系统。

欧洲栗很容易与马栗（又名七叶果）区分开来，因为欧洲栗的颜色呈黄色且长着尖刺（常常被描述为与小刺猬相像），而不是绿色的刺球。

采摘时，在欧洲栗树下寻找一块地面，等待它们掉落。当你寻找欧洲栗时，由于栗子果球的刺非常尖锐，戴一副手套可能会有所帮助。在室温条件下，带壳的欧洲栗能保存大约一星期。若是你希望存储更长时间，可以将它们用纸袋包好，放进冰箱里，可以保存三个星期。

如何烘烤欧洲栗

将燃气烤炉预热到 200℃。

将坚果从带刺的外壳中取出，预备烹制。如果你挤压它们，这些坚果会有一点变形，但要扔掉那些软的坚果，也要扔掉那些有小洞的果实。

将坚果的较平的一面放在案板上，用带锯齿的刀绕着圆形表面小心翼翼地切开一个浅浅的狭缝。将所有的坚果都切开这样的缝隙，这个小缝应当切透栗子的皮，这样做的目的是当坚果在烤炉上烘炙时，能将蒸汽排出，防止炸裂。

将切好的栗子按切口朝上放在烘焙托盘上，烘烤 15 ~ 20 分钟，或者直至外壳开始与果肉分离。将欧洲栗从烤炉移开后，尽快剥掉这些坚果的壳，因为趁热最容易剥。可戴上烤炉手套或在手上罩一块布防止双手被烫伤。

然后，就可直接享用烤好的果实了，或者把它们添加进沙拉、汤或馅饼中。这种烤制完、剥好皮的坚果可以放在冰箱冷藏最多 4 天，或冷冻保存 3 个月。

人生是一场旅行
而不是一个终点

崇山峻岭与山坡山麓

大山的峰顶高高耸立在云端，塑造着我们的天际线，时刻提醒着我们，大自然是美丽而强大的。嶙峋的峭壁历经千万年的风吹雨打，仍牢牢地矗立在山间，整个世界仿佛在我们面前完全敞开了胸怀，五彩云霞就在你的脚下，你几乎就能触摸到寥廓的苍穹。一座大山的这一面就是为你而准备的，既是消耗高能量和探险之地，又是尽享宁静与感受敬畏的地方。

去看云

白云通常并不被人留意，但要是你能花些时间仰望苍穹，就会捕捉到大自然壮观、美丽的景象之一——云。艳阳高照的天空往往是我们计划在户外开展活动时最期望的好天气，但多云的天空也绝对更加有趣。每一朵云就像雪花一样独具一格，别有风韵。云通常在不断变化，它们的变换方式和捕捉阳光的情景呈现出气势雄伟、引人瞩目的奇观幻境。

无论你在何处，云都能向你展现出奇妙的美景，但从一处山腰这种特殊的高度仰望，你会看到更加壮丽的景致，而这种美景是你在地面所无法欣赏到的。

野外观云指南

卷云：一种稀薄、缥缈、处在高层的云，经常出现在阳光高照的时候，日出和日落时也会出现。

高层云：一种稀薄、中等高度的云层，呈灰色，能够铺展到很宽阔的区域。透过高层云可隐约看到太阳。

高积云：这种中等高度的云层像是毛茸茸的补丁块，使天空宛如穿上了一层薄薄的羊毛衣，别有风韵。

积雨云：云层浓厚，像巨浪般汹涌、翻腾，积雨云的出现意味着一场暴雨即将来临。积雨云的底部通常比较平坦，与地上的水平面非常靠近，但顶部依然耸入高空。这种云通常为白色或灰色。

积云：一种蓬松、呈圆形、完美无瑕的云朵，常常白得耀眼，出现在阳光灿烂的天气。

层积云：一种高度较低的云层，像是给天空穿上了一件宽大、缀满补丁的外套。透过云间的缝隙，可以看见蓝色的天空。

层云：这种云层铺得很长，也较平坦、单一，云层呈现灰色，低垂在空中，这类云层的出现常常会带来一连几天的阴天。在地平面出现时变为雾或薄雾。

积雨云

卷云

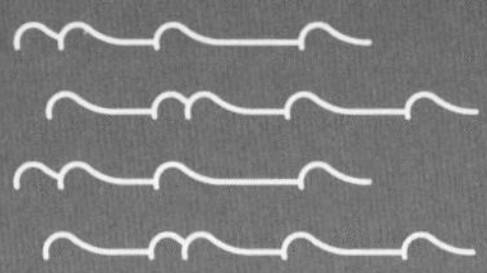

高层云

积云

高积云

层云

层积云

高崖跳伞运动和悬挂式滑翔运动

人类常常渴望能长着翅膀翱翔天空。如今，人们的认识发生了一百八十度大转变，在空中飞翔不再是一件可望而不可即之事，任何人都能通过高崖跳伞运动和悬挂式滑翔运动在空中飞行，融入天宇。倘若你没有任何空中飞行的经验，可以与专业人士搭伴飞行。这些令人难以置信的活动突破了那些需要经验的限制，你只需坦然地坐在那里，尽情享受能够令你兴奋得窒息的滑翔。随着你的双脚离开大地，你将体会到全身心解脱的感觉，忧愁、烦恼统统抛在九霄云外。你随着气流而升腾、飞翔，俯瞰着远低于你的崇山峻岭、丘陵山谷，纵情腾飞的刺激充盈着心胸，使人豪情满怀，美妙无比。

雪地瑜伽

虽然进入了凛冽的寒冬，但这阻挡不了你奔向野外的步伐。迎接严冬，在寒风中做你心爱的瑜伽，让你的肺腑充满清澈、晶莹的空气，陶醉于画卷般的靓丽景色中，在白雪皑皑的山上和树丛中寻找极乐吧！

请千万留意寒冷，这会对你身体的运动能力产生不良影响。在这样的季节，雪地瑜伽的最佳姿势是站立式，专注于平衡和核心力量，例如树式、鹰式和战士姿势。只要你多穿几层高弹性服装保持体温，能够进行热身和恢复正常体能状态，你的瑜伽练习就会很安全且充满活力。

待在野外的雪地上会对你的情绪改变产生积极影响。洁白无瑕的风景也能给你带来一种沉浸、镇定的感受，用一种非同一般的方式凝视司空见惯的情景有助于唤醒我们对自身生活的各种体验。雪景的虚幻无常还将我们带进现实的瞬间，提醒我们大自然中有太多太多美不胜收的风景，等着我们去发现。

所有自然风光，
源于峰岭山峦，
止于峰岭山峦。

约翰·拉斯金（John Ruskin，
1819—1900 年），英国作家、诗人和艺术家。

It's time
TO
REMEMBER
WHAT IT'S LIKE TO
Feel Alive
X
（是时候记住活着的感觉了）

野外露营

想象一下，在一座大山的山顶，第一缕阳光唤醒了你。你睁开双眼，头上没有天花板遮挡，甚至没有帐篷——映入眼帘的是天空和白云，清晨金色的太阳光芒四射，周遭空空如也，远处是逶迤的群山，只有鸟儿啭鸣，宛如一幅精美的大自然山水画。

这里说的野外露营是指不扎帐篷的宿营，其关键的装备是一副野营袋，这种装备能够像茧一样将你和睡袋紧紧包裹在里面，保证身体的干爽。这样做也不难：当你决定要就寝时，在野营袋里铺好睡觉用的垫子和睡袋，钻进去就可以入睡了。

野外露营的优势是对环境要求不高，只要有一个空间能容你躺下就行，这就是说当你在崇山峻岭间穿行、探险时，这种方式尤其实用，因为并不是随时都能找到足够的空间来搭帐篷。

野外露营将会赋予你极大的自由：如果你想在某座山的峰顶入睡，那么就去睡吧。不过如此行事的确需要专业装备和事先的周密筹划，它不会带给你任何舒适感，但你得到的巨大回报是令人叹为观止的，包括美丽的景色和难忘的回忆。即使你的付出非常艰辛，但所有这一切都是值得的，你所获得的精神享受是无与伦比的，没有任何活动能比野外露营更加亲近大自然了。

野外露营需要的装备

- > 1个防水、透气性好的野营袋
- > 1套适合环境的睡袋
- > 1个睡眠垫
- > 1个大型防水袋（在夜间保持备用行装的干燥）
- > 足量的食物和水
- > 适合徒步旅行的衣物
- > 1顶保暖的帽子和1副保暖手套
- > 1件防水、透气的短外套

（让你的记忆成为你的旅行袋）

生活要么是一种百折不挠、
一往无前的历险，
要么啥也不是。

海伦·凯勒（Helen Keller，1880—1968年），美国作家、社会活动家和演说家，在仅仅19个月大时因发烧使她失去了视力和听力。

攀岩运动

如果想要使你的血流速度加快、肾上腺素分泌激增，去攀岩一定可以达到目的。攀岩运动既可锻炼身体，又能磨炼意志。当你费尽千辛万苦，终于登上了顶峰，那种巨大的成就感和领略到的周围美好风光会激励你一次又一次地去攀登新的高度。

了解一下你身边的攀岩运动组织，他们会为你提供必需的安全设备，如吊带、绳索和头盔等，这样你就可以安全地攀登群山了。

登山运动

若是你想寻求冒险、感受刺激、欣赏奇妙美景、获得一种终生难忘的体验，那么就去登山。

登山对你的体力和意志都是一种巨大的挑战。这项运动的前几个步骤就足以令你打退堂鼓；当看到那耸入云霄的巅峰，你会不由自主地想，那么高的山峰，攀得上吗？坚持就是胜利，如果你坚持不懈、决不放弃，就一定能领略到那位于险峰的无限风光。但你必须高度重视这项运动，做好各项准备。除了要提高身体的协调能力和平衡感，还要强化你的自信心和注意力，这将有助于你减轻心理压力，使你感受到无穷的喜悦和满足。

登山运动的重要提示

> **参加一个登山团队：如若你不是一位经验丰富的登山者，最好的办法就是加入一个登山组织，保证你的安全。**

> **事先准备工作非常重要：出发前请务必熟记你将要奔赴的登山路线，确保装备适当。**

> **备妥登山鞋：确保穿一双合适的登山鞋。夏季登山时，步行靴通常比较实用；在大雪纷飞的环境下，需要预备合适的登山靴。**

> **做好搭建紧急营所的计划。如果准备工作不充分的话，就无法应对变化莫测、充满危险的山区天气。登山时通常要携带紧急遮蔽物，如可搭建临时窝棚的材料，以保护你免受各种可能的侵害。**

> **评估自己的健康状况：登山运动需要大量消耗体力，更有可能遭遇陡坡和陡降，攀登大量崎岖不平的山路。所以在出发之前，要确保你的身体状况能足够应对这些挑战，否则不但自己会遭遇危险，还会危及同伴，将他们也拖累于危险之中。**

基本装备清单

- > 地图和指南针
- > 警哨
- > 1 部移动电话（充满电）
- > 防晒乳与太阳镜
- > 1 件隔热、防水的短上衣
- > 多准备几件能套穿的衣物，保证暖和，包括手套和帽子
- > 合适的鞋子，即徒步靴
- > 头灯（多带一些电池）
- > 急救箱
- > 火柴和点火器
- > 足够的食物和水
- > 用于维修的用具，即一把刀子和胶布带
- > 1 个庇护所（要是需要的话，即野营袋——请参见第 76 页）

登山的目的不是要去峰顶插上你自己的旗帜，而是要勇敢地迎接挑战，享受清新空气和沿途美丽的风景。登山去吧，你能真正见识我们的这个世界。

小戴维·麦卡洛（David Mccullough Jr.）

绳降运动

如果你喜欢走人迹罕至的小路，尝试绳降运动吧。绳降是一项高难度的技术。登山运动员和经常登山的人都会利用这项技术，面对着很高的岩石顺绳索下降，通常这样的岩石太陡峭而无法攀登。绳降也可以是一种娱乐运动，能带来不折不扣的快乐和欢欣。

如果你的胆量足够大，能迈出绳降运动第一步，你将会欣赏到无与伦比的风景，沿着山脉快速下降也会使你心惊肉跳。但是，最惊险的还不止如此，你用一根简单的绳索就能迅速将身体悬挂在半空中。对于那些患有恐高症的人来说，这的确是一个严峻的考验，但一旦你战胜了恐惧，就会倍感“无限风光在险峰”的激情和豪迈。

绳降虽然会刺激肾上腺素分泌，但这项运动也几乎适于所有人。在独立从事这项活动之前，需要进行安全训练。选择距你不远的一家探险中心，那里会向你提供专用装备和指导，并敢于推动自己走出舒适区。

有些人只有在历险中才能真正了解他自己——在发现自己的过程中。

安德烈·纪德（André. Gide，1869—1951年），法国作家，1947年荣获诺贝尔文学奖。

剧烈跑山

剧烈跑山（fell running，指在原始自然环境中进行的无固定路径的越野跑）是跑山（mountain running，指更加注重在山地进行的长距离越野跑）和普通越野跑（trail running，指在成熟、固定的上路上开展的越野跑）的大家族成员之一，倘若你希望达至自己的体能极限，之后再打破这些极限的话，这项体育运动就是为你量身定做的。尽管上述的各种奔跑都是在偏僻或崎岖的地方开展的，而剧烈跑山是其中难度最大的，最需要超乎寻常的体力与胆量。

一般而言，奔跑线路不固定，你自己可以自主发挥，确定自A到B的路径，所以这项体育运动中把握方向的能力与奔跑能力本身一样重要。其中所谓的高难度也包含着复杂的地形地貌；由于并不要求你沿着固定的道路跑，面对全程中的草地、道路、岩石、淤泥、碎石堆、沼泽地、陡坡和陡降等复杂地理环境，你可自主决断，攻坚克难，超越自我，奔向胜利的彼岸。

剧烈跑山是一项艰苦的运动，要求你坚忍不拔、永不放弃，胆小怯懦之辈最好远离。但对于那些雄心勃勃、不断挑战自己的人们来说，这项运动却是十分令人振奋的，去体验层峦叠嶂、山山水水，最后收获难以置信的回报。

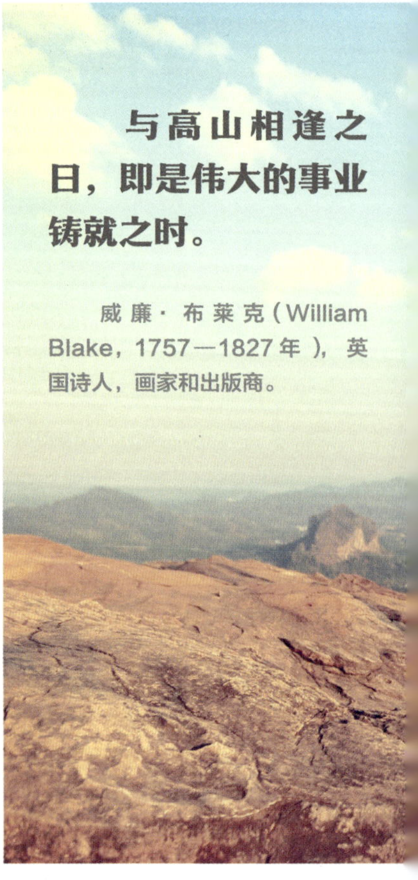

与高山相逢之日，即是伟大的事业铸就之时。

威廉·布莱克（William Blake，1757—1827年），英国诗人，画家和出版商。

剧烈跑山的重要提示

> 一定要选择合适的鞋子。穿一双专业用鞋是非常有必要的，能够应对奔跑过程中恶劣多变的地形，提供更多的抓地力，降低受伤风险。

> 充分做好准备工作。在寒冬季节，要带几件能套穿的防水夹衣，一顶帽子和一副手套。出于安全考虑，地图、指南针和警哨要随身携带。

> 事先应对跑步路线进行熟悉，即使在跑的过程中根据情况临时决定改变路线，也要对你所处的位置心中有数。

> 考虑加入一个剧烈跑山俱乐部，这样，你会与他人一起沿着路线奔跑。对于你所在地区的地理情况，他们掌握着大量信息。如果你希望着手开始这项体育运动，参加俱乐部是一种极佳的选择。

（群山在召唤我，我必须去）

山地骑行

山地骑行是一项艰苦、疾速、思维敏捷的冒险运动，这项运动会使你血脉偾张、肾上腺素飙升，异常刺激。当征服了最艰险的路段时，你会领略美到极致的风光，对于那些敢于攀登一座又一座高山的勇者，克服一个又一个艰难险阻所带来的快感数不胜数，简直难以言表。

休闲性的山地骑行者可以选择的主要路径是那些越野路线和下坡路线。正如“越野”这个词汇所言，就是涵盖骑行者所在国家的所有地形地貌，包括河湖、草地和山径等。这些路线代表着对力量和毅力及耐力的严峻考验。下坡线路意味着你骑着自行车从山顶快速冲向山脚下。骑行过程中，骑行者们十分谨慎而又高度紧张，发挥着精湛的驾驭技巧，一路历经艰辛，高唱凯歌达至终点。不过鉴于这项运动的剧烈性，心脏虚弱的人不要参与。

山地骑行尽管充满着艰辛，但它给你的体验无与伦比，赋予你难以言表的美妙享受。骑行时，你的心脏仿佛都要迸出体外，四肢和躯体共同发力，肺功能大幅改善，新陈代谢加速，甚至还能提高条件反射能力。很多骑行者还信誓旦旦地说山地骑行这项运动会大大增强了幸福感，他们还认为，山地骑行使人能更加积极看待世界，山地骑行的功劳实在不小。

山地骑行既可以独自进行，也可以结队开展，但即使你单独一人在山区骑行，也会结识很多的人，因为在骑行过程中，你肯定能超越一些其他骑行者，每个人都源于对这项运动的无比热爱而联系在一起。假如你是初学者，请先查询山地骑行线路中心，在那里，你可租到自行车和其他装备，并在选择骑行路线方面获得专家的建议。

山地骑行运动风险性极高，经常会风餐露宿、一路风尘，取得成功后倍感喜悦。在这项活动中还有无限的创意，所有这一切都会使你激情四射、陶醉不已。这项运动令人无法抗拒，人们在这里能找到无与伦比的快乐。

安托万·德圣艾克修佩里（Antoine de Saint-Exupery，1900—1944 年），法国作家、飞行员。最著名的作品有《小王子》。

山珍：花楸果

花楸树，又名欧洲花楸树、野花楸树，是一种矮小的树种，通常生长在高海拔地区。这种树在春天开着小白花，初秋长成的浆果一簇一簇的，呈橙红色。花楸树比较耐寒，假使自然条件适合，寿命能长达 200 年。

花楸果经过烹制后可以食用。它们常常被用来制作果冻和果酱，成为其他食品的佐料，或者增加饮品的口味。花楸果含有丰富的维生素 C，也会被用来制作传统草药，尤其是帮助消化（浆果的纤维素含量较高），效果极好。它也具有杀菌消炎作用，可缓解呼吸系统症状。

采摘时，从树上剪下结满成熟果实的枝条，保存在一个透气的袋子里带回家。寻找花楸果时，千万注意这种浆果也是鸟儿们的最爱，所以带些回家没有问题，但尽量不要采摘太多，以免破坏周围野生动物的觅食环境。

花楸果酱 大约 1 升

配料

- 150 克成熟的花楸果
- 2 个口感结实的苹果
- 300 克白砂糖
- 1/4 勺盐

制作方法

- 洗净浆果，去掉梗，然后冷冻一夜。这样处理有助于减轻浆果的酸味。
- 苹果削掉皮，切成块，把这些苹果块与冻好的花楸果一起放进一个大炖锅里。倒入凉水，没过果实。
- 点火，将水烧至沸腾，直到果实变软，通常需要 30~40 分钟。
- 挤压煮软的果实，将花楸果的果肉与种子和果皮分离并过滤出来。
- 估算一下滤出的果实容量，然后将等量的白砂糖加入一个大炖锅，再加入滤出的果实和盐。
- 使用中火加热，不停搅拌，直至糖完全溶解，然后花几分钟加热至沸腾，白糖开始变成焦糖色。
- 舀少量果酱放到一个凉盘子上或桌面上，测试一下果酱是否做成。待几分钟果酱冷却后，用小勺推一下果酱，假使果酱呈凝固状态或起皱，那么就成功了。
- 将花楸果酱倒入一个消过毒的罐里，吃烤肉时就可以佐餐了。做好的果酱在冰箱里最长能保存两个月。

山珍：越橘

越橘，又名欧洲越橘、覆盆子，是一种蓝黑色的小浆果，它们长在高地上一种又小又硬的灌木上。假使你分不清它与蓝莓，十分正常，可以理解，但这两种果实并不相同。蓝莓的果肉呈淡绿色，而越橘的果肉是深蓝或紫色，而且汁水更多。

越橘的口感较酸，尽管可以直接食用，但经过加工后再吃的话，往往更加美味，越橘可以做成果酱、馅饼和蛋糕。在某些圈子里，越橘被认为是一种超级食品，对人们的健康大有裨益。越橘富含花色苷，这种物质是一种强抗氧化剂，也有助于提高人的夜间视力。越橘所含的营养物质还能提高人体的新陈代谢，有助于控制血糖水平。

如果你希望寻觅越橘，那就等到夏末或初秋，那时越橘便成熟了。不过，这种浆果的产量不高，所以很难发现。要是你的运气足够好的话，会找到一些。在你摘这些浆果的时候，你会发现颇费时间，但它们酸酸的可口味道和独有的保健功能却值得你去耗时搜寻和采摘。

越橘松饼 8~10 人享用

配料

- 100 克黄油
- 150 克精白砂糖
- 2 个鸡蛋
- 1 个柠檬的外皮
- 1 勺香草香精
- 100 毫升牛奶
- 280 克纯面粉
- 2 勺发酵粉
- 少量盐
- 100 克洗过的越橘

制作方法

- 将烤炉预热至 160℃，用几个纸盒排成一个松饼烤模。
- 把黄油和糖倒进一个大碗，不断搅拌直到混合物又亮又蓬松。之后，加入鸡蛋、柠檬皮和香草香精，再次搅拌直至充分混合。
- 往混合物内加入牛奶，搅拌至完全融为一体。
- 找另外一只碗，加入面粉、发酵粉和盐，一起搅拌。然后把这个碗里的混合物倒进上面已做好的牛奶、鸡蛋、柠檬皮等配料中。再用一把金属勺不断地搅拌至完全融合。最后拌入越橘。
- 将上面混合好的各种配料放进松饼盒，烘焙 25 ~ 35 分钟，或者等到表面烤成金黄色，且用牙签插进去再拔出来是干净的。
- 移开烤模，让松饼在搁物架上冷却。将做好的松饼保存在一个密封容器里，可保鲜一周。

突破常规

浩瀚大海

大海一望无际，时而波光粼粼、烟波浩渺，时而波涛汹涌、惊涛骇浪，蕴藏着无数的奇观、奥秘。尤其是在深海，那儿的生物更是丰富多彩、变化万千，这一切都等待着我们去发现、去探索。无论是在巨浪滔天的悬崖峭壁上，还是在一处沙地小海湾的庇护所里，抑或是在疾速滑行的冲浪板上，我们都能感受到海洋的巨大威力，它既可以激发我们的斗志、灵感，又能恢复我们疲惫的身心、治疗创伤。

沙滩雕塑

回想起你最早的童年记忆，很可能就是儿时充满着欢声笑语的海滨沙滩之旅。在大海边找到完美的细沙，满满地装上一桶，飞快地倒置在沙滩上，屏住呼吸，将水桶慢慢提起来，最后变成了一座表面平滑的沙堡。回想起这生动的一幕幕，会让你感到特别的快乐。

下一次你再到海滩，可以再现童年的美好回忆。你可以造好一排排的漂亮沙堡，从中享受这容易获得的欢娱。或者，假若你想更刺激一点，何不亲手制作一座沙雕？

沙滩雕塑实际上就是建一座高水平的沙堡。构造沙雕用不上水桶，你可以依靠自己的双手用沙子随心所欲地创作心仪的构造、外形。构建各种形状，甚至城堡和动物，一切都取决于你。沉浸在细沙的世界里，无所谓什么清洁、整齐，一切都是为了追求完美。在阳光明媚的海滩，双手沾满沙子（很可能是一种身心的放松），你反而会感受到深深的陶醉，感受真正的沙土！直接触摸到你倾心创造的作品，触摸身边的世界，这种纯粹的幸福没有任何其他活动能比拟，这是真正的快意人生！

制作沙雕的重要提示

> 制作沙雕最好的沙子是颗粒细腻、能够压得很实很紧的。如果在沙子上走过，感到很硬，这十有八九就是制作沙雕的上乘材料。

> 选好位置——建在涨潮点的上方，避免做好的沙雕作品被海水冲走！通过观察海藻线、贝壳和海滨碎片，你可以确定上一次涨潮到达的最后位置。

> 制作上佳沙滩雕塑的关键是使用潮湿的沙子（想象一下湿混凝土）。可以装几桶海水，冲洗一下你将要使用的沙子。

> 确认沙子必须紧实。用铲子将湿沙子堆成一座沙堆，尽量夯实。沙子中的水分会挥发，所以最后会留下一座坚实的基底，你会从这里开始雕制。

> 雕刻时，你可用双手，也可用工具来雕刻细节之处。泥刀或塑料刀可大显身手，成为雕刻细节的独门利器，当然，你可以使用其他任何东西，甚至在沙滩上发现的漂流碎木。

> 粗略的外形堆好后，你就可以雕刻细节了，使作品更加美观。

> 要塑造一座精致的沙雕，正确的步骤应当是从顶端开始，依次向下进行。随着雕刻的进展，一块块的沙子会掉落，所以从上向下雕刻不会使掉下的沙块损坏已完成的部分。

每一处突出的海角，每一个蜿蜒的海滩，甚至每一粒沙子，都在讲述着地球的故事。

蕾切尔·卡森（Rachel Carson，1907—1964年），美国动物学家和生物学家，所著《寂静的春天》成为西方现代环保运动的开山之作。

岩石间的满潮池

无须潜入深深的海洋去探索海底世界，也没必要游览水族馆。那些岩石间的满潮池就是这个神秘世界的一个天然侧面——海底世界的缩微景观。你可以在干爽的陆地上，一边呼吸着沁人肺腑的海边空气，一边欣赏这个奇妙的海底小世界。

岩石间的满潮池又称蓄潮池，只在低潮期出现，潮水退去时，海水才会一汪汪地积聚在这些海滨上的岩池里。之后，大海又会涨潮，将这些小潮池完全吞没。这种微地形因其独特的生态系统和生活在那里的少量生物所表现出来的高度的可适应性，深深吸引着众多海洋生物学家。那里经历着风吹日晒，时而缺水，时而被海浪拍打，面对这种恶劣环境，里面的生物必须生存下来。而当潮水退去后，它们又会暴露在捕食者的视野之中，不得不承担成为猎物的风险。

观察岩石间满潮池的重要提示

> 观赏岩石间满潮池的最佳时间应选在风平浪静的白昼低潮期，这时潮池的水面不会被风雨干扰。并且白天更易看清水中的情形。所以赴海边之前请事先了解潮汐时间。

> 最有趣的岩石间满潮池就在那些最靠近海边的位置，也是最容易看到海洋生物的地方。沙滩更上方的满潮池通常是淡水与海水的混合液体，所以并不适合海洋生物栖息。

> 一双带绑带的结实的鞋子是观察岩石间满潮池的必备装备，因为潮湿的岩石往往很滑。

> 假如你想更近距离地观察海中生物（不要用渔网，这可能带来损害），请随身携带一只干净的水桶或塑料容器。将你带的容器轻轻地浸入满潮池中，停在那里不动，直到有生物游进来。将容器从水中提出来，然后就可以尽情欣赏里面的小生命了，但时间不要太长，请务必将你舀出来的所有海水和生物都倒回原来的地方。

> 如果你第一眼看到满潮池里面没有任何东西，不要认为就真的没有东西。仔细观察满潮池的底部沙子上的图案，可能表明有些生物藏匿在下面。海洋生物往往喜欢更加阴暗、隐蔽的地方，所以不要顾忌，掀翻石头和海藻，察看是否有什么生物藏在下面。只要你动作轻柔，把掀起的东西全都放回原处，就不会带来任何破坏。

先凝神岩石满潮池，
再仰望漫天繁星，
最后回到满潮池，
这真是明智之举。

约翰·斯坦贝克
（John Steinbeck，1902—1968 年），
20 世纪美国最著名的作家之一，1962 年获得诺贝尔文学奖，
代表作有《愤怒的葡萄》《人鼠之间》。

LIVE FREE

沙滩烧烤

沙滩烧烤是户外野餐活动中最棒的形式，既可享受家里的舒适，又能领略户外活动的快乐。暖暖的阳光照在你的脸上；沙子摩挲着脚趾；大海发出的阵阵涛声萦绕在你的耳边；刚刚炙烤的食物香味不断刺激着你的嗅觉，令人垂涎欲滴；海风轻拂，沁人心扉，美妙的时光，黄金不换。还有什么能比得上整个下午待在沙滩上所带来的这种单纯的欢愉！

在沙滩烘烤食物的过程中，其他人也别闲着，或开展娱乐活动，或与三两老友回忆过往的那些美好时光，甚至就是简单地坐在沙滩上，一起吹着海风，听涛观澜，凝望无垠的大海。当瞭望大海时，这种感受敬畏的简单行为使我们的大脑释放出化学物质，让我们觉得自己与整个宇宙连在了一起。这些化学物质还会促使我们感到与周围的人们有更紧密的联系，所以与好朋友一起尽享这快乐的时刻，使你们之间的关系更加密切，也使沙滩之旅成为你放飞身心、消除疲惫的难忘时光。

烧烤的重要提示

- 有些海滩对烧烤的时间和地点都有限制，所以事先请进行核实。
- 使用一次性的烤架，或者买一个能折叠、可重复使用的烤架。
- 将未烹制的食物放在一个冷藏箱里，带一两个垃圾袋，这样在烧烤结束后使清洁工作更容易。
- 在烧烤架中摆好木炭，使烤架上的热量均衡分配。较薄的食物如熏肉，能在更高的热度（即直接在木炭上）上烤制，另外一些需要较长时间烧烤的食物可以用间接的热量（即下面没有或只有少量木炭）慢慢烤制。
- 烧烤之后注意熄灭火堆。往木炭上泼足量的水和沙子，灭掉任何余烬。然后待它彻底冷却再移动，其过程可能需要几个小时。即使已把烧烤架挪走了，也不要在它下面的沙子上走动，因为地面仍然很热，可能会烫伤。

蒜香风琴土豆 4 人份

配料

- 4 个中等大小的带皮土豆
- 黄油或橄榄油
- 盐和胡椒（调味用）
- 8 粒大蒜瓣
- 1 个洋葱（切成薄片）
- 备选项：奶酪；香草，如百里香或迷迭香

制作方法

- 首先，用一把餐叉在每个土豆上戳些小孔。将每个土豆从顶端切片切至中间部位，形成多条缝隙。
- 在每个土豆的外侧抹上橄榄油、盐和胡椒，放在托板上。将一粒完整的大蒜瓣放进最靠近土豆中心的缝隙里，再把蒜瓣的薄片塞进土豆的其他缝隙里。
- 再往每个缝隙中加入一片薄薄的洋葱，并在每个土豆上撒上橄榄油或少许黄油。
- 用锡箔纸紧紧包上每个土豆，放在烧烤架底部烤 1 小时，或者等到土豆变软，加上佐料就可进餐了。

泛舟（独木舟）大海

一只独木舟可能很小，你甚至可以说与那些小艇和游艇相比，它们看起来很不起眼，但千万不要被表象所迷惑。在其简约的设计中，竟然浓缩了数千年的历史和技艺。早在4000多年前，因纽特（Inuit）人和阿留申（Aleut）人就开始使用独木舟。这种小船可以在河流、湖泊和大海中用桨划行。尽管很小，它们却很灵敏，使用寿命也很长，驾乘独木舟竟然能航行令人难以置信的距离［有记录的独木舟最远航行距离为30,000英里（1英里约为1.6千米）］，驾驶者于1932年从德国出发，最后于1939年抵达澳大利亚，一共在海上漂泊了七年半。

驾乘独木舟与其他体育运动相比，与水的距离更近，亲水的程度仅次于游泳。驾乘者蹲坐在吃水线以下，顺水划着桨，体会着每一桨激起的波浪。倘使划桨时风平浪静，并处在开阔的水域中，你会拥有别具一格的体验，尽情欣赏沿途旖旎的风光，观看当地的野生动物。不过，假如驾乘的当天波涛汹涌，驾驭海中的独木舟对你的双臂而言就是一场严峻的考验，因为你要顶风破浪，强健的双臂也是应对这种恶劣天气的关键，所以也是全面锻炼你的体能的天赐良机。

无论自然环境如何，深呼吸海洋上清新的空气对你的身体和幸福感受而言都有神奇的作用。大海里含有盐分的空气还天然地富含负氧离子，有助于清洗你的肺腑。各位读者都了解，自由基广泛存在于人体当中。而空气中的负氧离子会清理对人体具有破坏作用的自由基（正离子），使人体细胞保持健康水平，负氧离子还能提高血清素水平，也就是能产生幸福感的荷尔蒙，保证你精神饱满、兴致勃勃，还能使你镇定自若、沉稳持重。

如果你想在大风大浪中磨炼自己的体力和意志，那就参加这项独木舟驾驶运动，不必有畏难情绪。现在，有很多机构向初学者提供相关课程和行驶路线，那里也会有很多喜爱这项运动且经验丰富的独木舟驾驶者与你交流。

蓝色的大海不断打动着人们的心灵，唤起人们无穷的想象，给灵魂带来永无止境的幸福和快乐。

罗伯特 · 怀兰（Robert Wyland），1956 年出生，美国著名画家，擅长作室外大型鲸鱼壁画和其他海洋生物壁画。

航海

（让大海给你自由！）

大海，一望无边，碧波荡漾；苍穹，万里无云，海风徐徐。当你驾驶着小艇，在海上犁开浪花，海风吹着你的秀发，海水漾起的水珠在你身边飞溅，此时大自然的力量展现到了极致。你在海里驾船航行时，随着你简单地一拽绳索、轻推船舵，这种力量就在你的手边体现，你轻松地驾驭着海风的能量，小艇也会达到令人惊喜的速度。

当然，并不是所有的航海经历都能让人肾上腺素激增，驾船远航还会是一种令人难以置信的宁静体验。在波澜不惊的水面上行驶与在海浪中高速航行一样令人愉悦。当大海安静下来时，在其中扬帆漂航几乎与沉思无异，四周沉寂无声，只有船体发出轻微的嘎嘎声，航船推起的涟漪一圈一圈地向外翻滚着扩散。海水轻吻着航船，洁白的海鸥翱翔在遥远的空中，飞着叫着，海滩上的嘈杂声又提示着市井生活的勃勃生机，而此刻的你，在享受着宝贵的宁静和安谧。

从某种意义上说，每个人都能尽享航海的快乐，无论他们驾船的能力如何。要是你愿意找个地方从头开始，各种航海俱乐部就是现成的选择。它们开设了多种尝试性活动，或者你也可以在类似的活动中心付费参加一个强化训练课程。所以，即使你之前从未踏足过一条船，仍有大量机会出海。

请解开系紧的船缆，驶离安全的港湾，扬帆远航吧。勇敢去探索，自由去梦想，大胆去发现吧。

萨拉·弗朗西丝·布朗
（Sarah Frances Brown）

海岸攀岩

海岸攀岩是一项真正的冒险活动，是尽享海岸乐趣、最具沉浸感的活动之一。实际上，海岸攀岩就是一项穿越多种天然障碍的活动，包括沿着海岸线的一条行走路线，穿越你经过的任何地形地貌，无论是嶙峋乱石、惊涛骇浪，还是悬崖峭壁、阴森岩洞。

与有着几千年悠久历史的驾船和驾乘独木舟相比，海岸攀岩是一种相对较新的运动。海岸攀岩（Coasteering）这个术语最早出现于 1973 年，在 20 世纪 90 年代风靡一时，人们乐此不疲，尤其是在英国，那里漫长的多岩石的海岸线便于人们踊跃参与这项运动。尽管这项运动仍处于起步阶段，但是人们参加的热情空前高涨，现在数百家探险中心成立起来，为喜爱这项活动的民众提供各种服务。这项运动为什么如此受到热捧，看看下面的内容就会明白：这是一项集游泳、登山、远足、攀爬和峭壁攀岩等于一身的综合体育运动项目，够刺激的吧？海岸攀岩几乎就是一种全身心体验海岸乐趣的方式。

像海岸攀岩这样一项全身心投入的活动，它将挑战你的体能、力量和毅力。不过，鉴于个人的能力、水平等的差异，攀岩的路线也各不相同。尽管如此，无论你是长期积极参与的老手，还是希望为自己平静的生活增添点乐趣的新入门者，总有一款路线适合你。

由于这项运动风险四伏，所以必须准备合适的装备才能参加，包括一件防寒泳衣、能牢牢抓地的鞋子、无袖浮力衣和一顶头盔。你还需要掌握本地区地形地貌和潮汐的详细情况。如果你参加一个探险团队（强烈建议）开启的某次海岸攀岩征程，他们会向你提供这些专业用具，以确保你的安全，使你免除后顾之忧，全力以赴挑战自己。

冲浪运动

冲浪运动是海滩体育活动中人气最高的项目之一，它在世界范围内之所以大受欢迎，也是有充分理由的：没有什么比捕捉海浪的自然高潮更令人兴奋的了。

最优秀的冲浪弄潮儿在浪里穿梭，他们看起来易如反掌、轻松自然，但这项运动既需要强壮的体力（尤其是上肢），也需要卓越的平衡能力。良好的冲浪运动是艰苦的体能和持久的耐力共同作用的结果。在风浪中跌宕起伏的几秒钟与整个运动所耗费的时间相比似乎微不足道，但任何冲浪运动员都会斩钉截铁地告诉你，这几秒钟的付出是绝对值得的。当你熟练地在浪尖前进时，只能专心致志、勇往直前，你能感受到的只是当前的存在，迎接下一个挑战，无暇顾及冲浪以外的任何事情。为了这短短的几秒钟，你的全部注意力都集中在涌动着的海浪上面。随着你冲向海滩，在浪里上下翻飞、全神贯注，彻底融入了大海——平衡、力量、时机和期待，所有这一切全都汇聚在一起，创造出纯粹的快乐感。这项运动既令人心醉神迷、兴奋不已，又扣人心弦、惊心动魄。一旦你爱上这项运动，就会欲罢不能、心向往之。

要是你希望参与这项运动，但从未踏上过冲浪板，也不难。选择一至两节课程，学习如何识别海浪，像一位有经验的行家里手那样捕捉浪头。这不仅会保证你安全地冲浪，还会使你很快能驾驭浪涛。

冲浪运动的规则

冲浪群体没有裁判，但存在着严格的行为准则。了解这种规则将会使你免受困窘，保证你的冲浪伙伴的安全。

> **紧紧抓住你的冲浪板**：即使用一条皮带拴着，也不要让冲浪板滑落。否则，冲浪板在海水里会很容易碰到别人。

> **尽可能紧跟着海浪前行**：倘若你是一位初学者，请留在较浅的水域活动；如果自己感觉有了一定的信心，再去尝试较大的海浪。这样你就能抓住更多的浪头，也不会妨碍其他冲浪者。

> **随时留意四周**：注意观察水中的其他冲浪者，在抓住海浪之前确保你的路线是畅通的，也要小心在你后面的冲浪人。

> **用手划行**：当划行过浪时，应绕开开花浪，而不能直接穿过开花浪，以避开其他冲浪者。

> **不要“串门”**：换句话说，不要试图超越其他人，追赶一波别人正在追逐的海浪，这样做不仅鲁莽，还很危险。

帆板冲浪

帆板冲浪就是将冲浪的乐趣与帆船的技巧融汇在一起的体育运动，同样令人惊心动魄，既刺激又兴奋。与冲浪相仿，驾驶者站在一个较轻的帆板上面操作，像扬帆航海一样，船上的风帆与海风调整成一定的角度，斜向而行。不过，两者也有区别，由于帆板和风帆很灵活，且重量很轻，使驾驶者能够有炫技的余地，这意味着经验老到的驾驶者可以表演跳跃、旋转和翻筋斗等高难度动作。在大海之上“飞翔”，除了风声和大海的涛声，耳朵听不见别的任何声响，帆板冲浪是一种疾速运动，也是释放压力的一种方式。

平衡能力和核心体力是这项体育运动必备的两种关键技能，在海上运动一个小时能使你全身都得到锻炼。当你沉浸于这个时刻带给你的无比兴奋中，渴望着下一次能使你再次扬帆的阵风，你甚至会忘了自己是来锻炼的。在海上停留一定的时间对于身体健康也有好处：海水中富含盐分和镁元素，有助于身体的康复，使肌肉、血液和新陈代谢更加健康。

假设你不是一位熟练的帆板冲浪者，也没有自己的帆板，可以考虑参加几节课程，感受一下从事这项运动所需的手部力量。同时一定要选择适合你自己的装备类型。尽管帆板冲浪被划分为一种极限体育运动，但只是在你的技术达到一定的水平后才算得上是极限，初学时相对安全。刚开始学习时，帆板冲浪对那些寻求肾上腺素飙升、追求某种刺激而又无须冒太大风险的人而言，是一种完美的运动。不过，一旦你感受到了这些运动所带给你的冒险乐趣和自由自在，你就会被它迷住。

沐浴阳光，畅游大海，呼吸着野外的清爽空气，多么惬意！

拉尔夫·沃尔多·爱默生
（Ralph Waldo Emerson，
1803—1882 年），美国思想家、文学家、诗人，
19 世纪新英格兰超验主义文学运动领袖，
著有《论自然》《人生的行为》等。

贝壳

当你在海滩玩耍时，碰见一只美丽的贝壳，你可能会捡起来，留在身边把玩欣赏它，几千年来人们逐渐形成了这样的习惯，好像约定俗成一样。古今中外，人类一直都在收集各种色彩斑斓的可爱贝壳。贝壳是大自然最神秘、最令人心醉的珍宝之一，它们是大海造就的宝石。

你在海滩上见到的每一只贝壳曾经都是实实在在的一个生命。它过去的生命体很可能早已在这个世界消失，并已经分解成别的物质，例如一只海蜗牛；或者这个生物长大后抛掉了贝壳，如某只寄居蟹。大洋的海床遍布这种美丽的遗存，当它们被冲到海岸上后，我们就能欣赏它们，爱不释手。

很多贝壳被做成了珠宝首饰、艺术品，甚至在某些西非国家曾经被当作一种货币形式，我们都已领略了它们的美丽。由于贝壳强度高，形状各异，人们还将它们做成了各种器具，例如碗、油灯和刃具。

留意这些贝壳

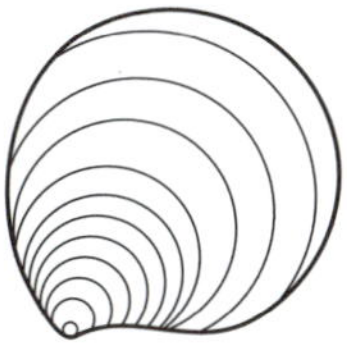

蛤

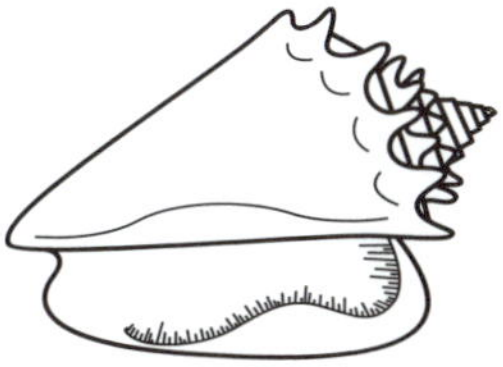

海螺

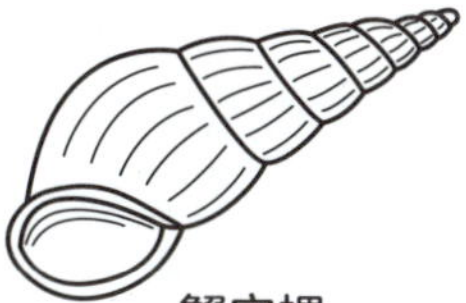

蟹守螺

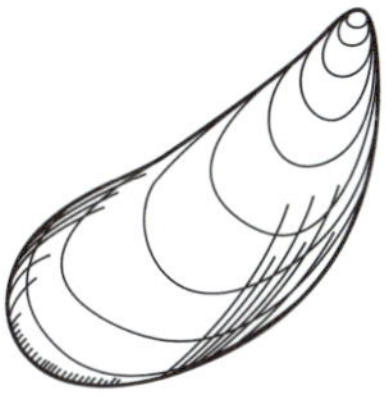

贻贝

玉螺

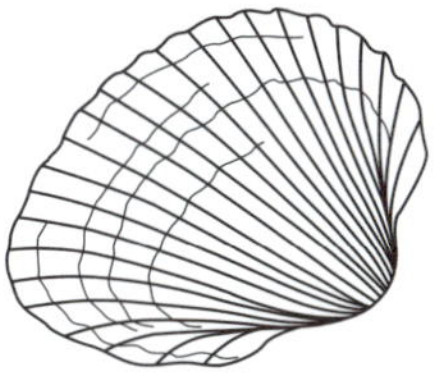

乌蛤

帽贝

注意：贝壳的诱惑力太大，只要你见到了，一般都想收集，因此要考虑假如你这样做，会给生态系统造成怎样的后果。收集一两只贝壳，作为你海滩之旅的一种纪念品无可厚非，但要是转遍整个海滩搜寻大量的贝壳，就会使以此为生的植物和动物难以生存下去。花一个下午找寻、识别贝壳，而不是将收集的贝壳带回家，这同样令人开心快乐。如果你将捡拾的贝壳放回原处的话，对自然环境非常有益。

找螃蟹

世界上的甲壳纲生物超过 44,000 种，其中最引人关注的就是不起眼的螃蟹，这种生物栖息在全世界的海滩和大洋，种类超过 4500 种。这种生物最小的只有几厘米大小，称为豆蟹（pea crab），最大的是日本蜘蛛蟹（Japanese spider crab），它的一只蟹腿的长度轻轻松松就达到了 4 米。

甲壳纲动物最显著的特征是外骨骼坚硬，这种螃蟹内部组织长大到一定程度时，外骨骼会蜕去。这就是当我们在海滨沙滩漫步时，可能会发现螃蟹蜕下的外壳的缘由。这些外壳本身足以迷倒我们，给我们一个机会能够近距离观察这些有趣的生物（以及它们“很霸道”的蟹螯）生长的模样。但对于那些不害怕螃蟹的人来说，观察活的螃蟹会更有趣。

要是你在沙滩上，就能找到沙蟹（又称幽灵蟹、白蟹或鼹鼠蟹）。这种寄居在沙子里的物种很小，长度为 5 ~ 7.5 厘米，在海陆边界吃水线区域很容易发现它们。站在海浪间歇的浅滩处，在沙子上挖出一个小洞，洞的深度足以容纳你的手。当下一波海浪打来时，海水就会灌满小洞，用手指再轻轻地挖深一点，十有八九就会发现一只沙蟹。当这波海浪向海中褪去时，这种螃蟹就会留在你挖的小水坑里。如果你还想更近距离地欣赏，

可用双手把它舀起来，千万注意不要压破螃蟹。等你美美地欣赏够了，要把它放回大海，看着它钻进沙子里。

要是你还想找到体形更大的螃蟹，可以在海边寻找螃蟹的居住点钓螃蟹。找一根细线，在一头绑上饵料，如鸡肉或咸肉，在岩石密布的海岸线或码头周围地区就能够钓到更大的螃蟹。钓蟹很简单，将拴上饵料的细线抛进有很多岩石的浅滩，之后便耐心等待，直至感到有东西咬饵。慢慢地将细线提起来，然后把钓到的螃蟹放进一只装满海藻和小石子的水桶里（事后请务必将这些螃蟹放回原处）。

如何夹住螃蟹

用你的拇指和食指在蟹螯螯根的底下夹住螃蟹。这样做，螃蟹不会夹住你。

观赏海鸟

当你筹划着要开始一次海滩或海滨之旅时，你很可能想象着大海的海浪拍击着岸边，发出阵阵涛声；或许你还想到坐在泊于海港的帆船上，听着风帆撞击桅杆的声音，以及空中的鸟叫声。鸟儿在我们身边随处可见，尤其是在海边，那里有近 350 种海鸟，它们几乎遍布全球。

海鸟长着带蹼的脚，能帮助它们同时在陆地和海洋生存，还能使它们快速俯冲和瞬间下潜。我们很容易找到它们，海鸟通常都很瞩目，尤其是体形巨大的信天翁（它的翼展能达到 3.5 米）、长相滑稽的海鹦，还有端庄笃定的军舰鸟（长着钩状的鸟喙、尖尖的尾巴和翅膀）。它们全都以海洋为家，与大海水乳交融。这些水鸟的体内生来就长着类似墨镜那样的视觉器官，有助于它们防范海水的强烈反光；它们还长着特殊的盐腺，能够滤除海水中和鱼类中的盐分，并通过鼻孔排出体外。

海鸟的确是一群令人喜爱的生物，它们的飞行姿态尤其迷人。你可以一连好几个小时观赏这些动人的鸟类，打发时光。你会看到海鸟在空中盘旋、猛扑，相互之间追逐、戏耍。了解你身边的海鸟物种，如塘鹅、燕鸥、鸬鹚或海鸥等，并尝试去找到它们可能出现的那些地方。另外，带一副双筒望远镜到海滩上，就地等着观察出现的海鸟和其他生物，这种体验同样惬意。此时，海边清新的空气浸润着你的肺腑，四国美景如画，多种多样的野生动植物在你身边出没，沉浸在如此的环境中，度过美好的时光，何乐而不为？

这个星球上明明到处是海洋，
怎么偏要称它为地球呢？

阿瑟 · C. 克拉克（Arthur C. Clarke），
英国作家、发明家。

大海的馈赠：贻贝

贻贝的外壳呈蓝黑色，是最有特色的甲壳类动物之一，也是许多沿海地区人们餐桌上的一道美味海鲜。贻贝容易辨认，且数量很多，这是它们的优点，所以倘若你是去寻觅海鲜的新手，那么就从贻贝大量分布的地方开始吧。贻贝中所含的铁、钙和欧米伽-3的含量非常高，它不仅是你海滨旅行中的美味回忆，对你的血细胞和骨骼健康也大有裨益。

你在岩石海岸非常容易发现贻贝，在码头，甚至在船体上也能找到。去寻找闪耀着光泽、紧闭着的贻贝，请记住在每个地方只带走少数几个，这样不至于破坏一个完整的生态。要是你希望享用口味最好的贻贝，去找那些中等大小的就行。采集贻贝也很容易，简单地扭几下，拽下来就可以，但遇到比较难采的贻贝，你最好随身准备一把小折刀来帮助你切断那些难缠的东西。

你可能听说采集贻贝是一件危险的差事，但只要事先做好充分的准备，就能保证绝对安全。英国民间有传说，认为只能在单词中带有“r”字母的那几个月才能采集贻贝，也就是表明在5月、6月、7月和8月不能收集。这里面也有讲究，在夏季的几个月，酷热的天气意味着海水中的细菌含量比较高，所以在这几个月采集贻贝并不稳妥。另外，还要请你记住，必须确保你要采集的地区海藻不太多，远离人类居住区，在“红潮”出现的时节也不可采集。“红潮”出现时，某些特别的海藻会污染海水，将水漂染成红色，使海洋中的生物都处于被污染的风险之中。

泰式蒸贻贝 2 人份

配料

- 1 千克贻贝
- 1 颗白色小洋葱
- 两瓣大蒜
- 1 勺油
- 1 根柠檬香草
- 1 个红辣椒
- 3 厘米长的生姜片
- 200 毫升椰子奶
- 40 毫升椰子脂
- 半束芫荽用于配菜
- 1 勺鱼露
- 半勺泰式咖喱酱
- 1 个酸橙的汁和皮
- 切碎的大葱，作佐餐

制作方法

- 当你满载而归回到家里后，立即将贻贝浸在盛满冷盐水的碗中，静置一夜，使它们吐出自身所含的沙粒。所有开口的贻贝要扔掉。
- 细细地切好洋葱。将油倒在一个带盖的大平底锅中，加热，用低温烹制洋葱和大蒜，直至变软。
- 去掉柠檬香草的木质外皮，细细地切碎。然后再把辣椒切成薄片，生姜切末。把这些全都放进平底锅，再加入椰子奶、椰子脂、芫荽（叶子和茎）、鱼露、咖喱酱和酸橙皮。一起搅拌至充分混合，直至椰子脂完全溶解。
- 继续加热至沸腾后，放进贻贝。盖上锅盖，蒸煮 5 分钟，或者直到贻贝全部开口。蒸煮完成后，将那些仍然闭合的贻贝扔掉。
- 根据个人口味爱好的不同，可以滴上酸橙汁，放入少量芫荽叶和大葱。

海边的美味：紫菜

紫菜是一种海藻，生长在浅海中。全世界不同种类的紫菜都可以食用，包括在日本用来包裹寿司的海苔。这种藻类最终长成紫绿色的薄片，有时候还被描述成像一个垃圾袋，但我们不要被这种比较所吓倒。紫菜是一种绝好的调味配料，大部分用蔬菜烹制的菜肴中加入它后都会增色生香。炒菜、做汤、炖煮、炒米饭、做意大利面和面条等添加紫菜后会让你的味蕾倍感舒适和鲜美。

由于海藻的生长时间全部是在海里，它们比其他蔬菜的矿物质含量都要高，这就意味着它们的保健功能较多。特别值得一提的是紫菜所含的钙、铁和维生素 B_{12} 的量很高，这表明对提高人体血细胞的健康水平具有显著的作用。与许多海藻相同，紫菜也是碘元素的一个重要来源，碘与其他物质共同维护着人体正常的新陈代谢。

在每年的 11 月至翌年的 5 月间，是紫菜的盛产期。它们生长在潮差中间的裸露岩石上。采收时，剪下若干片紫菜，但不要把岩石上的所有紫菜全都拔掉。这就是说紫菜还能再生长，自我恢复得很快。将摘得的紫菜保存在水桶中或塑料容器里带回家。

烤紫菜和蔬菜蛋炒饭 4人份

配料

- 50克紫菜
- 1勺芝麻油
- 1个大洋葱，切成片
- 80克豌豆
- 两个红辣椒，切成片
- 3个大蒜瓣，捣碎
- 300克糙米，煮熟
- 两勺酱油
- 1个鸡蛋，搅打好的芝麻，佐餐用（可自选）

制作方法

- 将紫菜彻底洗净，然后放入一个大平底锅里，加上水，盖上盖子，用小火炖煮6小时。不时检查锅里，确认不会干锅，如果需要再加水。
- 排干紫菜的水（如若你自己愿意，可保留水分，这将成为做汤和慢炖的绝佳蔬菜原料），使劲挤，让水分尽量少一些。
- 将烤炉预热至200℃，把紫菜放在一个烘焙盘上，烤制5分钟，或者直到用手触摸时能感觉到紫菜变脆。把紫菜从烤炉拿开，切成小片备用。
- 将一只炒菜锅或较大的油炸平底锅加热，加入油。油变热后，把切碎的蔬菜、大蒜和一汤勺酱油放进去。大火炒4分钟，不断地搅拌蔬菜。
- 加入已蒸好的米饭和做好的紫菜，再炒上1分钟。在锅里留出一个小空，放入搅打好的鸡蛋。待鸡蛋炒成半熟，将它与米饭和蔬菜搅拌在一起，再加入留下的酱油。
- 为了使炒饭更加可口，请即刻进餐，如果喜欢，可将芝麻撒在米饭上。

大海的声音诉说着心灵的故事

江河湖泊

湖泊能像大海一样浩瀚无垠，也可能宛如池塘一般，规模不大，静谧安宁；河流或缓缓地蜿蜒前行，或激流而下，在航道中狂暴肆虐，穿过一道又一道的地形地貌。自史前开始，不计其数的淡水水体或波澜不惊，或气势磅礴，或风平浪静，或惊天动地，一如既往地影响着人类生活的方方面面，甚至到了当今，我们的世界依然是依水而建、傍水而居。当我们离开城市时，才有机会欣赏它们的奇迹。

25

造竹筏

无论是希望挑战自己的动手本领，还是想激发内心的探险意识，花一个下午造一条竹筏绝对是一个趣味横生的尝试。有了竹筏，既可在湖上悠闲地泛舟，也可进行快速的划行比赛。

即使造竹筏是最简单的造船活动之一，但确实需要一定的技术和诀窍才能造一条在海中驾乘的竹筏（或至少在湖上行驶）。现代筏子往往是充气式的，制造材料也是让人眼花缭乱的纤维或塑料，或者是用圆筒做的，以增加浮力。但最早的筏子是用一捆捆的芦苇或木材制作而成，后来的筏子就模仿了这种强度高且坚固耐用的设计方式。

造竹筏的重要提示

> 首先，去采集一些原木或竹子，准备一些结实的绳索。你将来搭好的竹筏尺寸取决于你找来的竹子或原木的多少以及它们自身的大小。不过，不必担心，即使竹筏很小，也能浮起来（你可以拿一片树叶放在湖面上，树叶会漂浮在水面，而你自己却漂不起来）。找竹子或原木时，尽量搜寻那些已干枯的，少用刚砍下的新鲜竹子或木头，原因也简单，枯木的水分少、浮力大。大部分这类材料都可以用来搭建筏子，但尽量勿用多孔的木头。树枝或原木应当笔直，粗细大致相当。

> 假如你希望能多次重复使用竹筏，应当先对竹子或原木进行涂漆，晾干后再推入水中，避免浸泡后吸收大量水分，容易腐烂。

> 在近水的岸边建造竹筏最合适不过了。否则，就要将造好的沉重筏子运送较长的距离才能送至水中，沿途容易舟车劳顿、人困马乏。造筏子时，把原木一根根摆在一起，用绳索的一端将第一根原木的一端捆扎牢固，打一个结。然后用这根绳子依次把每根原木的一端反复捆扎几次，并将整条小筏绕两圈，捆紧。每次扎绳索时请一定捆牢，若是你希望在某个位置进一步增加强度的话，就在那里多打几个结。

> 在筏子的两端各横着放一根竹子或原木，与竖着的材料成 90 度角，并捆扎牢固，以加强筏子的结构强度。如果你造的竹筏够长的话，在中间再绑扎一根圆木。在每根基础原木之间用绳索捆扎结实，为了更加紧固，可以扎成十字形。

> 先在浅水中仔细地测试竹筏，确认浮力正常。然后，找一根长木棍充当船桨，启航吧……

（向新的探险说 YES）

钓鱼

越来越多的人从某种意义领悟到了钓鱼的奇妙。作为一项体育运动，钓鱼以其心平气静的过程而声名远播（不过，当你漏过一条大鱼时发出的懊恼之声不在此列），不过，由于钓鱼时身处清新的大自然，灿烂的阳光能振奋人的心情，所以这项活动正在被证明对提振垂钓者的心情也有益处。

许多户外活动需要遵循一定的路线，保持必要的行进速度，与这些活动不同的是，垂钓对技术的要求不高，而且技术的提升对于垂钓的体验影响甚微。在岸边找一钓鱼点，然后抛下鱼线，耐心地等待鱼棒或浮漂的轻微抖动，就这样静静地度过这美妙的时光。这是一种纯粹而又简单的小憩，把你从喧嚣的现代世界脱离出来，使你放慢工作生活节奏，找到难得的安详。与浮在水上的浮漂一样，你安静地坐在水畔，思绪自然也得以松弛。

毋庸置疑，无数事实会证明垂钓令人心情舒畅，今后还会证明它是对这种活动自身的一种报答，正如美德一样。

艾萨克·沃尔顿（Izaak Walton，1593—1683年），英国作家，著有《完美的垂钓者》。

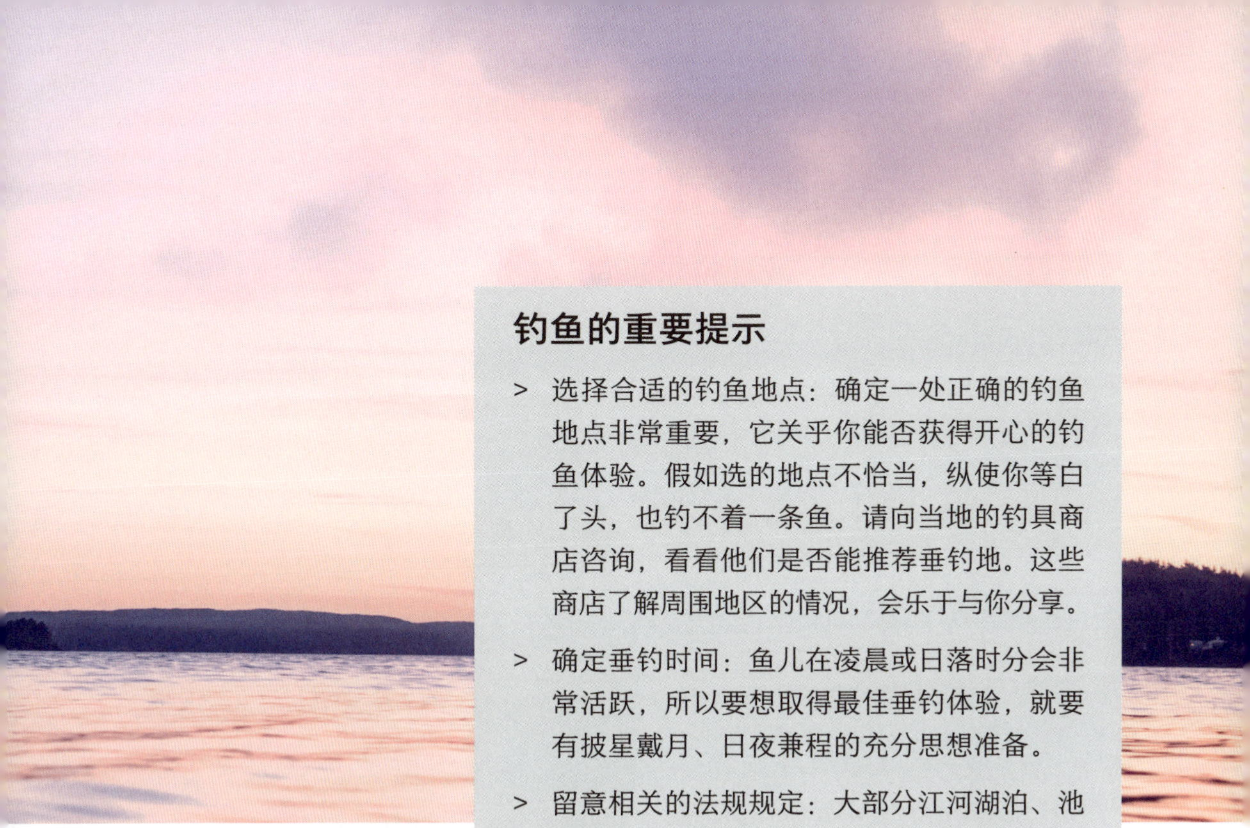

钓鱼的重要提示

- 选择合适的钓鱼地点：确定一处正确的钓鱼地点非常重要，它关乎你能否获得开心的钓鱼体验。假如选的地点不恰当，纵使你等白了头，也钓不着一条鱼。请向当地的钓具商店咨询，看看他们是否能推荐垂钓地。这些商店了解周围地区的情况，会乐于与你分享。
- 确定垂钓时间：鱼儿在凌晨或日落时分会非常活跃，所以要想取得最佳垂钓体验，就要有披星戴月、日夜兼程的充分思想准备。
- 留意相关的法规规定：大部分江河湖泊、池塘都有关于垂钓人资质和时间的相关规定。可能需要事先取得特许或每日的许可，并且要在限定的时间或地点垂钓。在抛下鱼钩之前，请务必确定了解这些规定，以免违反规则被人发现，造成不必要的麻烦。
- 备妥鱼饵：同人一样，鱼也存在“众口难调”的情况，并不是所有的鱼类都青睐同一种饵料，所以钓鱼前应准备合适的鱼饵钩在鱼钩上。请务必提前做好功课，了解在垂钓地栖息的鱼的种类，为它们预备好可口的“美味佳肴”，引诱鱼儿上钩。也有天然的饵料，包括蠕虫或蛆，不过人工鱼饵的种类也不少。
- 想象你是一条鱼：这有助于你将钓鱼钩抛进荫凉的地方，以及有水下绿色植物或者岩石成堆的地点。鱼类喜欢隐藏起来，所以要在这些地域去主动搜寻钓物，用食物吸引它们。这样，你更有可能看到鱼来咬钩。如果等到鱼儿游到了开阔的水域，你就望尘莫及了。

野外游泳

顾名思义，野外游泳就是在户外游泳。你在自己生活的地区休闲游泳池中能享受的全部快乐，你在野外游泳过程中也能享受到，并且还有不一样的感受。当然，野外游泳一定要保证安全。

在野外游泳，游的距离要远长于一般游泳的距离。这项运动还是与大自然的重新融合，在宽阔的水域中将自己的身心很好地解脱一下。野外游泳是一项全身心参与自然世界的体验，会调动起你的所有感官。壮美的自然世界每天都在变化，每天都独具风采，所以没有任何两次野外游泳的环境是完全一样的。

作为一项运动形式，游泳对人的健康益处多多。与在室内游泳相比，所有这些裨益都会在你每一次户外游泳的过程中获得。游泳不仅会增强人的体能，凉水的刺激还会使你精力充沛，一头扎进寒冷的环境甚至能感受到一种天然的快感。在户外游泳的过程中，你能亲密地接触大自然，这也被证明能够改善情绪，缓解心情低落之感。

野外游泳的另外一种好处就是低成本。这项运动很简单，有益于健康，大部分人都能参加。如果你真正爱上了野外游泳，它会吸引着你为了寻觅更加美丽的景色而游遍世界。

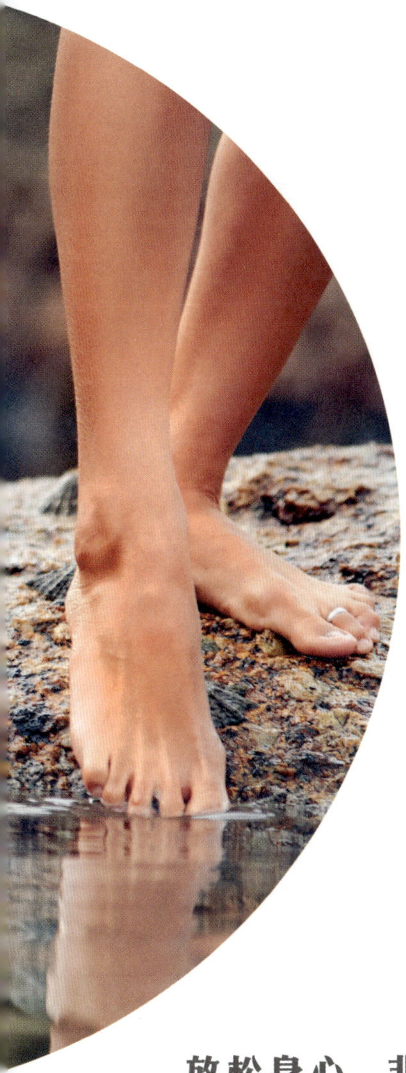

放松身心，非大湖莫属，而在别处是无法感受到的。

威廉·华兹华斯（William Wordsworth，1770—1850年），英国诗人，作品以歌颂大自然为主，他和柯尔律治共同发表的《抒情歌谣集》以及他独撰的《廷特恩教堂》常被视为开创英国浪漫主义诗风的先河之作。

野外游泳的重要提示

> 了解自己的能力：这个事情听起来平淡无奇，但在你开始野外游泳之前，必须保证你拥有娴熟的游泳技能。倘若对自己的游泳水平没有把握，请找一位当地的游泳救生员咨询，征求他的意见。在野外第一次下水时，千万注意不要游得太快。希望你慢慢享受野外游泳的无穷乐趣，但不要操之过急。

> 如有可能，请尽量与朋友一起游，或者至少要确保有人知道你到了哪里，大约何时回家。或者告知岸边的其他人你在游泳，他们可以关注着你。

> 如果不知道某处水域的深浅，绝对不可贸然跳入，否则可能会造成危险。如果某处适于安全跳水，先用脚拍打一下水面或把脚浸入水里，使身体先适应水温，防止身体突然受到冷水刺激而发生痉挛。

> 入水前请包扎好任何伤口，尽量不要吞下游泳场地中的水。游泳结束后要全身淋浴。野外游泳生病的可能性不大，但即使如此，最大限度地降低风险也是一种万全之策。

> 假使担心水温过冷，不要紧，买一件防寒泳衣，或者保暖泳靴、手套和一顶泳帽。做足功课可保证全身的舒适体温。

> 请记住要在靠近湖泊岸边的地带游泳，不要穿越湖中央。如果出现险情，离岸边距离不远，有利于施救。

> 请在下水之前了解相关信息。有没有需遵守的规章制度？游泳区域是否是私人财产？是否存在需注意的潮汐或潮流？水下有没有要留心的岩石区？从哪里入水和上岸最安全？

峡谷徒步

经过漫长的时间，溪流或河流就能在山脉之间雕刻出一座座峡谷，它们大概是地球上最令人震惊的地理特征之一。有些峡谷太长太大，远在太空都能看见，例如美国科罗拉多大峡谷（Grand Canyon），这些自然景象往往有数千年的历史，有的甚至有数百万年的历史。另外一些峡谷规模不太大，成为峡谷徒步探险的理想之地。

峡谷徒步，顾名思义就是在一条峡谷中步行探秘。听着好像平平常常，但雕刻出这条峡谷的那条河流或激流通常依然在自由奔涌着。所以除了徒步以外，顺着山谷行进，你还可以游泳、登山、滑行、攀岩，以及穿越瀑布、岩石滩和激流等。

通过峡谷的路线一般没有大的起伏，比较稳定，不过当你攀爬大块岩石、从激流滑下、跳进深水潭时，它依然会使你心跳加快、肾上腺素分泌激增。几乎可以百分之百地肯定，当你完成本次徒步，出现在峡谷的另一个进出口时，从头到脚必然都会湿透。但你和其他峡谷徒步伙伴会感受到无法抵挡的狂喜，这也是确凿无疑的。

在峡谷徒步过程中，一般会用一种稳健的步履行进。所以，无论参与峡谷徒步的人经验几许，体能水平差异多大，大家都可以结伴同行，一起分享这项运动的乐趣。除非你经验极其丰富，否则不建议你在无人组织的情况下参加这项活动。如果有教练带领，他可以为你提供合适的装备（例如保暖泳衣、无袖浮力衣和头盔），你就可以安全稳妥地涉水，从一个完全与众不同的视角领略行进过程中动人的湖光山色、自然美景。

（探秘狂野的河流）

划皮艇

在河流划皮艇与在海上划皮艇迥然不同。在海上，人是皮艇的动力；而在河流里，水流载着皮艇向前走。你需要利用水流，驾驶皮艇达到自己的目的。

你可以驾驶皮艇开展一次充满闲情逸致的旅行，顺兴而为，顺流而下。和缓轻柔的旅程让你有机会饱览沿途的姹紫嫣红、花团锦簇，而这样的美景是你从任何其他地方（如峡谷和瀑布）都无法领略的。倘若你是与一位向导共同划船的话，他会向你讲述这个地区的各种野生动物、神奇传说和稗史轶事。尽管河流会引导着皮艇前行，但这项活动依然能够很好地锻炼人：你需要通过划船的动作来引导和控制小艇，这要用到你的胳膊和躯干的力量，坐在船上的姿势还有助于提高平衡能力。

假若你是在寻求冒险刺激，可以选择激流，以很快的速度顺流而下。这种运动将真正考验你的力量，因为控制小船需要依靠手臂和你的核心力量。不过，当沉浸其中时，你根本没有精力顾及这项运动本身的意义，随着你在湍流中驾控着小船，河水在耳边咆哮，浪花飞溅，你除了倍感快乐，不会有其他感受。这时，你的全部注意力都集中在涌动的激流和小船上面，想不起别的。从日复一日的平淡生活中断然抽身，在激流中搏击风浪，你会感受到从内心迸发出的极大快乐，昂然面对人生的任何新挑战。

不管你的水上运动技能如何，总有一款适合你。当今，无数的水上活动中心星罗棋布，你可在其中一家租一条小皮艇去划一整天，若是你想来个刺激的，经历白浪翻飞的惊险场面，就请加入某一旅行项目，那里会有经验丰富的小艇驾乘者引领着你去体验探险之旅。

倘若我们这个星球还有什么奇幻和魔力的话，那就只有在水中才能找到。

洛伦·艾斯利（Loren Eiseley，1907—1977年），人类学家，科普作家、生态学家和诗人。

在湖中扬帆

不一定非要到海上才能享受扬帆的乐趣，即使你生活在内陆地区，各式各样的湖泊也会赋予你这种难得的机会。

在湖中驾乘帆船与在大海里撑起风帆航行有很大区别。湖上的气流往往更加变幻莫测，这是其中一个因素。湖上的风可能会骤然停止，或者也可能突然产生很强的阵风，刮得你站不住脚。湖上多变的天气会使扬帆驾船的人特别兴奋，你必须根据天气的突变而随时调整风帆，这给了你大量的练习机会，也是上苍额外的“恩赐”。

扬帆行驶在湖中，尤其是较小的湖，会让你有更多的机会练习操纵帆船，如顶风转向（以“之”字形航行）。在湖上，这是一种实用的驾驶技能。当你为了避免搁浅而需要改变航向时，常常要用到这种技术。

尽管在湖中驾驶帆船和在海里驾驶帆船存在一些区别，但唯一不变的就是体育运动本身的意义。站在帆船的甲板上，微风轻拂着你的秀发，阳光亲吻着你的脸颊，你的双手操控着风帆，帆船借助风力，在水上飞驰，这种感觉美妙惊艳、无与伦比。

湖泊是全世界最美、最富表现力的地貌，是地球的眸子。通过观察湖泊，人们能够揣度出自己本性的深度。

亨利·戴维·梭罗（Henry David Thoreau，1817—1862 年），美国作家、自然学家、和平主义者、哲学家和抗税者，著有《瓦尔登湖》《论公民的不服从等》，后一部著作曾影响了甘地。

桨板冲浪

尽管是一项流行的现代水上体育运动，桨板冲浪却已有几千年的历史了，世界各地不同文化背景的人们都驾驶过这种冲浪板。

它的结构、尺寸都很简单，无须太多装备，你只要一个冲浪板和一支划桨，然后就出发吧。除了硬质冲浪板外，市场上还有种类繁多的充气式冲浪板，也就是说，你可以非常方便地将你的“船”运至水里。假如你是与三两好友一起去进行桨板冲浪，那就称得上是一次社交活动，不过你还可以独自去。毕竟，桨板冲浪运动算是最具冥想特征的体育运动之一。

桨板冲浪要求操控者静如泰山、聚精会神、沉着冷静、镇定自若，所以它不仅是一项强化你的心脏机能、提高平衡能力的美妙运动，还是一种沉寂身心的体验。驾乘时遇到的各种情况会强制你随机应变、降低船速（如若一味固守成规，非翻船不可），这会帮助你找到一个合适的状态，在这个状态，你既能凝视遥远的地平线，又能在体内达到松弛和安定的平衡。船外的水面会使你感觉到平静和力量，把忧愁烦恼统统赶跑，放空自己，养精蓄锐。

上善若水，水善利万物而不争。

老子

划船

若是纯粹寻求放松身心，那就去划船，轻轻松松地消磨一个下午的时间。船桨磕碰着船体发出轻微的嘎吱嘎吱声，欣赏着水面漂过的动植物，聆听着船桨激起柔和的水声，还有湖水轻轻拍击着岸边的声响……还有什么能比这更轻松惬意的？

沉浸在河滩上

你是否曾经站在河岸或溪流的岸边，凝视着河水？倘若水不深，又很清澈，你能清晰地看见河床里的石头，还能看见水流冲刷着绿草，轻轻摆动。你看得时间越长，了解得就越多：各式植物的万千风韵、婀娜多姿，还有河水表面上的微小昆虫，甚至几条鱼在游动。

河里生长着无数的野生动植物，千奇百怪，大小各异，你所需要做的只是抽出时间来留意观察，沉浸在河边就是一种完美的办法。花上一小时或开始了解你周围的这些动植物不仅能给你丰厚的回报，而且也是与自然沟通的一个机缘，而这种机会不会经常碰到。

沉浸在河滩上能够重燃我们对于自然世界的好奇感，提醒我们无数的河流不仅仅只是流动的水，它们也是庞大而又复杂的生态系统，是数不清的生物的家园，这些生物经过了数百万年的进化，已经完美适应了这样的环境和地形地貌。通过观察，我们还得到启示：可以在宏伟的大自然中随时随地触发人的敬畏之感，从山峦的巅峰到河流中最小的浅滩。

当把手没入溪流，你触摸到了已经流过去的最后一滴水，也触摸到了即将到来的第一滴水。

列奥纳多·达·芬奇（Leonardo da Vinci，1452—1519年），意大利文艺复兴时期画家、建筑师、音乐家、解剖学家、发明家、工程师、雕塑家、几何学家。代表作有《蒙娜丽莎》《最后的晚餐》等。

沉浸河滩的重要提示

> 能在河里玩的最佳时间是5月到8月，在这个时期，河中的生物非常活跃，数量很多。

> 核心的装备就是一张网、一个托盘或大缸子。你也可以带一把勺子，以便能更近距离地看清发现的东西，甚至可带一个放大镜。若是你急于确认刚刚发现的物种，也可以在行装中装一本野外指南。

> 带上相机，记录你的发现，也留下美好的瞬间。

> 尽量少地发出声响，因为众多生物对声音非常敏感。你能保持得越安静，挪动得越缓慢，就有可能找到越多的野生动物。

> 在用网捞出河里的任何东西之前，把托盘或缸子装满水。一旦发现什么，立刻将它们从河里捞起来，直接放进托盘或缸子里，使生物受到的侵扰最少。

> 使用网进行打捞时，慢慢地将它放入水中，握住不动，静待河水流过。然后从水里轻轻地提起，迅速把捞到的东西倒入事先准备好的盛满水的托盘，仔细观察里面的生物。

> 倘若没有任何收获，尝试着在这条河的其他区域碰碰运气，或呈8字形缓慢移动，或许会有新的机会。你甚至还可以涉水走一条小路，抵达一个不同的区域。请记住，只要你有足够的耐心，必定会有丰硕的收获。

> 正当你津津有味地欣赏寻找到的生物时，一定会有忍不住要抚摸它们的欲望，请一定不要让这种想法成为现实，为的是使生物保持更加快乐的状态，也避免了你被咬的可能。

> 欣赏结束后，请记住，这些生物从哪里打捞出来的就放回哪里。

河鲜：小龙虾

小龙虾是甲壳类动物，生活在淡水里。它们的外形很像龙虾，栖息在世界各地的河流、池塘、湖泊和沼泽中。小龙虾有很多别名，如淡水螯虾、蝲蛄、淡水龙虾、泥巴虫等。

小龙虾的身子和螯爪都能食用，但小龙虾的尾巴却是最常用的部位，是多种菜肴烹制过程中常用的一道配料，从汤、炖菜到意大利面、烤肉和海鲜大拼盘。小龙虾肉还是低脂蛋白质的来源，富含各种维生素和矿物质，包括有助于维持人体新陈代谢的维生素B，维生素 B 对皮肤、眼睛和头发的健康有促进作用，所以小龙虾不仅是一盘美味，还是日常饮食中的有益健康的食材。

在寻找小龙虾之前，先要对当地的小龙虾的分布情况进行调查研究。例如，在英国，本地产的白螯小龙虾由于遭到一个外来小龙虾物种的入侵，濒临灭绝。所以英国鼓励人们去寻找这种外来小龙虾，以帮助白螯小龙虾恢复数量。这也就意味着捕虾者应当悉心检查他们的渔获，假若任何白螯小龙虾上了钩，应当把它们放回大自然。倘若你在其他国家钓虾，也请务必遵守所在国关于垂钓和捕虾的相关规定。

一旦选定了一处钓虾地点，就要准备一条饵线，上面挂上饵料，犹如钓蟹一样。小龙虾青睐的食物不少，包括鱼头或咸肉。当你感到有东西咬钩时，轻轻地拉起钓线，看看你都钓上了什么！把钓到的小龙虾放进一个高边水桶，并将副渔获物放回水中。

如何加工小龙虾尾巴

> 将你的渔获分类，把已经死掉的小龙虾全部抛掉。

> 将活的小龙虾放进冰箱，冷却至2℃至4℃，大约需要10分钟。一旦达到了这个温度，立刻用一把锋利的刀把小龙虾都杀掉。要么在它的眼睛之间切开，要么直接切开胸部，以最大限度减少小龙虾的痛苦。

> 取一只大平底锅，足以装下全部小龙虾。将锅装入三分之二的水，放入一勺盐调味，煮至沸腾。

> 把小龙虾加进平底锅，煮5分钟，或者直至小龙虾变成红色。

> 将小龙虾捞出，晾凉。拧下尾巴，剥开并取出虾肉。

小龙虾与蘑菇烩饭 2人份

配料

- 1勺橄榄油
- 1个小洋葱，切碎
- 两瓣大蒜，捣碎
- 120克蘑菇，切成片
- 150克阿保里欧米（Arborio rice，意大利出产的一种大米，主要用于制作经典的意大利烩饭）
- 90毫升白葡萄酒
- 1个柠檬的外皮
- 500毫升鸡肉、鱼或蔬菜的高汤
- 100克小龙虾尾巴肉
- 50克帕尔马干酪
- 50毫升浓稠的奶油
- 一小把香葱，切碎

制作方法

- 把橄榄油倒进一个较深的炸锅，加热，放入洋葱和大蒜，用中火加热直至这些配料变软。
- 然后加入蘑菇，继续烹饪5分钟，间或搅拌一下。
- 加入大米，搅拌1分钟，然后加上白葡萄酒和柠檬皮，轻轻搅拌直至液汁收干。
- 放入少量的高汤，不停搅拌，直到汤汁全被吸收，然后再加一些高汤。继续搅拌直至所有高汤都被吸收，之后加入小龙虾进行搅拌，直到全部热透。
- 将锅从火上移开，加进奶酪、奶油和一半香葱，搅拌，直到全部混合。
- 把剩下的香葱撒在做好的烩饭上面，尽情享用吧。

河中珍品：水生薄荷

水生薄荷（*Mentha aquatica*）是薄荷属的一个成员。顾名思义，它生长在潮湿的地面，鉴于这个原因，水生薄荷也能在湖泊、河流和水塘附近生长。正像普通的薄荷植物一样，它的叶子呈锯齿状，但又与薄荷不同的是，水生薄荷呈紫色，叶脉较深。它的花朵也呈现独特的紫色。从稍远的距离望去，这种植物仿佛在茎秆的顶端开着一朵大圆花，但实际上，它们这朵“大圆花”是由许多较小的花朵一簇一簇地组成的。

水生薄荷的可食用部分是它的叶子。同时，水生薄荷叶子应用在草药治疗上已有数千年的悠久历史。已有证据表明薄荷有减轻胃部疼痛作用，能提高消化系统的能力，缓解恶心感，抑制炎症。薄荷是一种普通但又有提神作用的药草，生长得很茂盛。

水生薄荷是一种多年生植物，所以它的叶子在任何时间都能够收获（尽管在夏季可能会收获更多一些）。采收薄荷叶子时，只需在经过薄荷植物时摘下几片即可，要是你想带回家的话，就把它们放在透气的袋子里。最嫩的叶子的口感最好，所以你若是希望强烈的薄荷口感的话，就应找寻这样的叶子。倘若你不希望立刻使用薄荷的话，可将叶子冷冻起来，之后放在一个气密容器里，如此可以保存3个月。

水生薄荷茶

配料

- 一把水生薄荷叶，新鲜叶或干叶均可
- 开水

制作方法

- 若是使用新鲜水生薄荷叶，请先洗净。
- 放少许叶子到装满开水的杯子里，泡几分钟。
- 为了提味可加糖，芬芳美味的水生薄荷茶就可饮用了。

高地与低地

高地与低地构成了我们这个世界的所有绿色空间，在一片片如诗如画的田野、平原和山峦上把大地编织、拼缀在一起。高地与低地有多么辽阔恢宏，它们的变化就有多么丰富多彩。为了探寻这样的地理环境，徒步、骑自行车或骑马不失为一种快乐的手段，每一种方式都会给你充分的体验良机。

登高望远与徒步

走进野外，去呼吸新鲜空气，可尽享户外带来的无穷乐趣，而徒步就是最简单的方式之一，无论你怎样称呼它，如在乡间徒步、丘陵地带徒步、山地徒步等。徒步其实就是步行，就是不断地去适应新的环境，是一种每个人都能尝试的活动。步行一小时或一整天，攀登峭壁悬崖，或者穿越宽广的大平原，可独自行走或与挚友同行，行走在被踏平了的偏僻小道上，或另辟蹊径，探险偏僻的荒野。随着穿行在崇山峻岭、峡谷沟壑，世界尽在你的掌握之中，任由你去发现。

不少的自然空间只能通过徒步才能抵达，所以倘使你去远足，很可能就会发现一个全新的世界，情不自禁地沉浸其中，你会感到无比自在。只要你想去某个地方，你可以正常步行去，也可以大步流星去，还可悠闲漫步去，找到自己的路，领略美妙自然赐予我们的最灿烂的奇景仙境，所有这一切只能奉献给全身心投入寻觅这些风光的少数人。

一步一个脚印，踏踏实实地前行，能展现一个人的镇定、从容，对心血管也大有裨益。当你徒步远足时，是在依靠自身的力量使你从 A 地走到 B 地。所以，如果你登上了山顶，无论多么筋疲力尽，都能豪迈地尽揽眼前的壮美山色，也能清晰地看到自己刚刚攀登过的艰辛之路，喜悦之情也会溢于言表，因为你创造了奇迹！

徒步旅行的重要提示

- 根据自己的体能水平确定适当的行进路线。这样做不仅能够保证安全，还是让你充分享受徒步旅行的最佳方式。
- 随身带上地图和指南针。假如你已经决定此次远行的目的地，在每次开拔前要时时确认所选择的道路是否正确。
- 了解天气情况，适当携带随身物品，包括所有的必需品：大量水、一些零食、防晒霜、地图、充满电的手机、一件防水的保暖夹衣、一件套头衫、一个急救箱等。
- 准备结实的鞋子。这些鞋不一定很昂贵，但必须牢靠，使你的脚感觉舒适，确保脚踝的安全。
- 虽然是去探险，但不是玩命。在正常行进过程中，你虽然常常会偏离路线走一条小径，近距离观察某些东西的生长情况，或者就是要去某个地域探个究竟，请一定记住你所处的位置。若是指示牌显示你应当沿着某条路走，请一定遵照执行，因为周边环境可能存在危险。
- 请告知他人你的去向和预计的返回日期。如果最坏的情况真的发生了，他们可以尽早报警。

荒野露营

荒野露营展现了自由的所有内涵。它是远离熙攘喧闹、奔波劳碌的都市的一个理想途径，也是回复本原、正确行事、感受真正野外的一个好机会。

顾名思义，荒野露营就是在户外的任何地点进行宿营，它不是一处正式的露营营地，所带的物品也只有生活必需品。你的帐篷不会很大，随身物品也将非常有限，因为你要将这些东西背在自己的背上。从现代生活中脱掉枷锁之后，你就获得了彻底解放。四周的环境宽阔无边，天高任鸟飞，你想去哪里就去哪里，想待在哪里就待在哪里，想干什么就干什么，感受无边的自由。

野外的征途荆棘丛生、前景莫测，探索的过程会非常艰苦，因为你必须要完全依靠自己和团队的其他同伴。你不可能在半夜匆匆去趟厕所，当某个东西损坏后也不可能去方便地买个替代品。但这种巨大挑战和与原来日常生活的彻底隔断却是这种活动所拥有巨大吸引力的一个主要缘由。没有议程表，不存在日程。你完全掌控着自己的探险征程。明天将会奔向何方？全凭你做主。

在第 13 页，我们已经列出了野外露营的一般提示，在此，我们还要就荒野露营给出额外的注意事项：

就其本质而言，探险的过程是值得的。

阿梅莉亚·埃尔哈特（Amelia Earhart），1897 年 7 月 24 日生于美国堪萨斯，美国早期女飞行员。

- 准备野营行李时，除必需品外，尽量保持轻装。你背负的重量越轻，行走得越轻快，探险、享受户外生活时就越舒畅。

- 确定搭建帐篷地点时，应选那些远离小路或通道的平坦之处。

- 某些地区针对荒野露营发布了法律规定，所以在搭帐篷之前应了解所在地的相关法规。

- 夜间会相当寒冷，带足保暖的衣物。

- 购买或租借一顶质量上乘的帐篷。理想情况下，帐篷还应很轻，例如，一顶两人帐篷的重量不应超过 2 千克。当然，帐篷的重量越轻，价格越贵，但材质上佳。

- 请将所有的如厕废物带回，如果这样做不现实，请一定将其掩埋，深度至少为地面以下 15 厘米（不要将手纸掩埋）。

自然定位

自然定位就是利用自然界唾手可得的东西来确定方位，是一种实用的技能，也是一种充满乐趣的挑战，不少人称之为一种艺术形式，因为要掌握这个能力需要专心投入，要耐得住寂寞，只有这样才能熟练掌握。下面为你提供了几个方法，帮助你在不借助GPS（全球定位系统），甚至不用指南针的情况下，仅仅利用你身边的一些线索，就可在北半球进行自我定位。

太阳

大家都熟悉，太阳从东方升起，之后慢慢日落西山。作为一个宽泛的方向指示标志，这种表述听起来没错。但如果你正在确定你的精准定位，就还需要综合考虑你所在地球的位置和具体时间。例如在北半球，夏季的太阳是从东北方向升起，而在冬季却是在东南方升起，原因是地球会围绕着自身的轴向，在每年的不同时段倾斜成不同的角度。

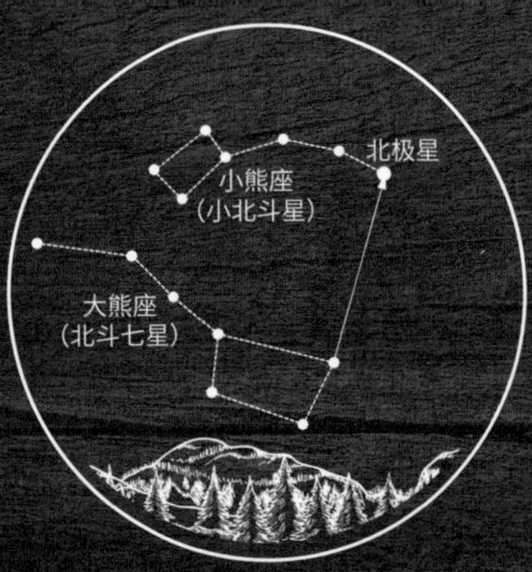

北极星

与民间传说不同的是，北极星并不是夜空中最明亮的星体，实际上，它比四围的星星还要暗淡，但我们依然非常容易发现它。先找到北斗七星（Big Dipper）。然后，观察“碗”最外层的两颗星。想象一下，用一把尺子将两颗星连在一起，然后循着那条直线向上寻找，就会发现北极星，指着真正的北方。

月亮

假若夜空中有一轮新月，你就能判断出南方的位置。想象用一把尺子搁在弦月的顶端。顺着这条直线指向地面，你就找到了南部方位。虽然这只是大致方向，但如果你需要的话，它将帮助你获取更多所在地的信息。

岩石

这个方法在白天效果最好。把你的手放在一块大石头上，感觉每一侧的温度。石头上最温暖的部位提示我们这是太阳的方位，这有助于你在阴天确定你要找的路。

苔藓

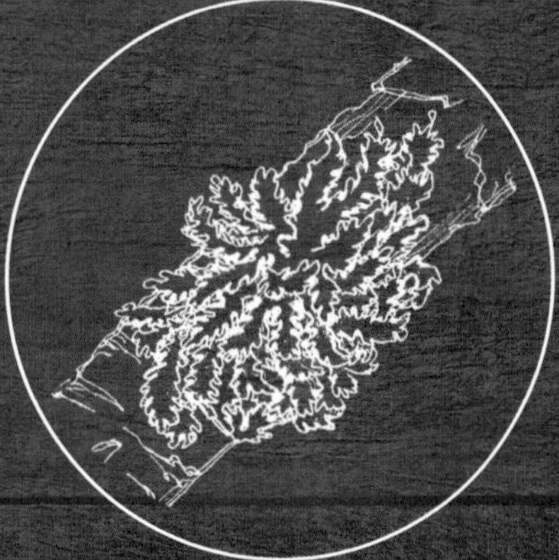

在相对空旷的地段找一棵树，查一下树干上苔藓生长的位置。树木喜阳，苔藓喜阴，在背阴的地方生长。换句话说，不长苔藓的一侧为南面，因为阳光普照；树上长苔藓的一侧通常为北面。

深究大自然，而后你将会更好地洞察万物。

阿尔伯特·爱因斯坦

（Albert Einstein，1879—1955 年），

犹太裔德国人，相对论的发现者，

对量子力学、统计力学及宇宙学研究做出了重大贡献，

1921 年获得诺贝尔物理学奖，

被公认为 20 世纪最伟大的科学家。

仙女座
三角星座
蝎虎座
天鹅座
仙后座
英仙座
仙王（星）座
鹿豹座
御夫（星）座
天琴座
武仙座
天龙星座
小熊座
天猫星座
大熊座
牧夫座
猎犬星座

仰望星空

仰望星空是在户外度过夜晚时光最神奇的方式之一。找一处远离都市、城镇的地方，没有灯光污染，铺开一条毯子，坐下来欣赏满天的星斗。

凝视天际闪耀的群星，禁不住使我梦想联翩。

文森特·凡高（Vincent van Gogh，1853—1890年），荷兰后印象派画家，以风景画和肖像画闻名，善于用色彩表达主观感受，公认为欧洲艺术史最伟大的画家之一。

越野跑

如果辛勤工作一天之后，你希望用跑步来清醒头脑；假使随着你的跑动，脚步撞击地面沉稳的节奏使你陶醉；若是你酷爱奔跑冲刺时所带来的快感，感到你已征服了世界——那么，试试越野跑吧。

越野跑是一项直接接触大自然的体育运动，跑步者需要循着天然形成的小路奔跑。你不但能享受在正常跑步中所拥有的一切，还能额外尽享自然世界的清新空气。因为你不是在柏油路面上奔跑，而是在野外的小路上跑步，对膝盖和脚踝的冲击也更为轻柔，这是在越野跑另外的益处。

尽管越野跑不会像剧烈跑山（请参见第84页）那样追求极限，但因为山间的小道上下起伏、颠簸崎岖，天气也许说变就变。你经过的路上可能遍布岩石，途中也可能需要踏过草地，或许还会遇上汹涌激流、暴风骤雨、艳阳酷热、阴云密布以及浓雾笼罩，所以参加这项体育运动也是一种挑战。每一条小径都与众不同，即使是同一条小道，你每次奔跑也都会产生全新的感受。

只要跑起来，你不但会体验到运动的愉悦和思绪的逐渐清空，而且随着你探索你身边的这个世界，你还会感受到激动兴奋和精力充沛，越野跑将探险的感觉重新带回到跑步中。

越野跑的重要提示

- > 要穿着合适的鞋子。越野跑所用的鞋应有较强的抓地性，后跟要低，利于保护脚踝。
- > 跑动时，双眼应注视着路面。有时小路会很窄，特别是在石头较多的路段，你还需要留神在何处落脚。
- > 若是跑动路线的坡度很陡，可以考虑使用跑步杖，以便保持平衡，降低对关节的冲击。
- > 应体贴关照随行的跑步同伴。一般而言，上山的要礼让下山的。倘若路上有水坑，要是有人正在跑过，注意不要溅起水花！
- > 用双臂保持平衡，引领你在跑步区域自如地向上跑或向下跑。
- > 随时预备放慢脚步。越野跑与公路跑有很大的区别，地形地貌的骤然变化、陡坡的出现都需要你降低速度。倘若你能随时调整好自己的速度，就会跑进一个新境界。

置身大自然，野外运动带来的快乐萦绕在人们的脑海。

拉尔夫·沃尔多·爱默生
（Ralph Waldo Emerson）

骑马运动和骑小型马旅行

骑马运动和骑小型马旅行是介于冒险与休闲之间的两项活动。你驾驭着马匹，身下马蹄嘚嘚响，稳健地敲击着地面，使人感到安稳。但骑在普通马上或小型马上，会使你拥有一个全新的视野来观察周围的世界。不管你是行进在绿树成荫的小路、动物出没的森林，还是宽阔广袤的大地，此时的你悠闲自在，满心欢悦地尽览怡人的风光、五彩缤纷的自然世界和生机勃勃的动植物。

马这种动物颇具贵族气质，庄重、平和，好像天然存在着一些让人难以置信的东西使人类能够与它们如此亲近，它们在走动时，人们会感受到马儿强壮体格的每一个动作，两侧肋腹所散发的热度，每一次呼吸的起起伏伏。你与骏马之间会建立起一种紧密的信任，这种信任将使你产生巨大的自信，对于那些不经常有机会与动物互动交流的人而言，尤其如此。你和马就是一个团队，你们一起在崇山峻岭、平原田地中穿行；你骑着马奔跑时，它们镇定自若的情绪将会传递给你。

骑马的每一分钟都珍贵无比。

温斯顿·丘吉尔（Winston Churchill，1874—1965年），英国政治家，在第二次世界大战期间担任英国首相而闻名于世，公认为英国历史上最重要的领导人之一。1953年获得诺贝尔文学奖。

NOT ALL THOSE WHO WANDER ARE LOST
N
E
S
W
（并非所有流浪者都迷失了方向）

观鸟

从在空中盘旋的捕食鸟类到栖息在灌木树篱中的娇小飞鸟，自然界中无处不在的鸟儿等着人们去发现，无论是在广阔的户外，还是在高地和低地，飞翔的野生鸟类随处可见。

观鸟可以随意而为。你可以专门开启观鸟之旅，也可以在远足或野营时顺势而为。若是你工作很忙，观鸟也是去户外休闲的一个很好借口，这项活动本身就能带来单纯的快乐。

带上望远镜和野外指南，就出发吧，看看能不能发现什么。或者，倘若你青睐某种更集中的体验，查询一下在你周围是否有自然保护区或著名的观鸟地。

无论你在何处观鸟，采取何种手段观鸟，当你在它们的栖息地与鸟儿们共度美好时光时，生动有趣的画卷就会在你的眼前徐徐展开。要是运气够好，你将会与它们相处相当长的一段时间，甚至会开始了解它们所展现出来的个性。观鸟本质上是一种对人的耐心和定力的历练，正因为如此，观鸟就赋予了自身安静沉思的特性。观鸟时花时间留在室外，本身就已享受了户外带来的好处，加上你身处青翠茂密、馥郁葱茏的林间，风儿吹拂着你的脸颊，这时你在观鸟，放松自己，恢复身心。看到鸟儿们在树篱中飞来飞去，或者在你的头顶优雅地盘旋，你的注意力高度集中在它们身上，将发现自己完全沉浸在这个瞬间，忘记了时间，忘记了空间，忘记了一切。

从蜂鸟到雄鹰，每一种鸟儿的日常存在都是一种遥远而又令人着迷的奥秘。

托马斯·温特沃思·希金森（Thomas Wentworth Higginson，1823—1911 年），毕业于哈佛大学，美国作家，废奴主义者。

草地上的珍宝：蒲公英

如果你是一位热心的园丁，十有八九会将蒲公英从草坪中不屑地铲除。若你不是园丁，你可能也会吹一下蒲公英的种子，看它们在风中飘舞，倍感惬意。不过可能会令你意外的是，蒲公英还是一道美味佳肴，你不知道吧？

蒲公英铺天盖地，长得到处都是，成为寻觅者的一个梦想。好上加好的是，整株植物几乎所有部位都具有实用价值——叶子、花朵和根。叶子添加到沙拉中，搅拌后会产生一种辛辣的苦味。叶子还能放在油里和大蒜一起炒，就像其他绿叶蔬菜一样，成为一道配菜。根可以用来制作一道不含咖啡因的类咖啡饮品，其黄色的花头能够煎炸，或者放进面包中烘焙，或者制成酒。实际上，蒲公英唯一不能使用的就是它蓬松的种子头——独一无二的蒲公英时钟。

鉴于蒲公英被视为野草，寻找蒲公英需要重点留意的是要避免喷洒在它们身上的除草剂，如公共草坪的边缘地带。

每年的5月到10月是寻觅这些美味植物的最佳时节。采收时，根据你希望制作什么来选择蒲公英的花头或叶子。采好后，存在一个透气的袋子里带回家即可。一般来说，从采摘的角度考虑，不鼓励将植物连根拔起，因为这样做损害了植物的生态。不过，由于蒲公英生长的数量很多，如果你已获准并且从地上拔了少量蒲公英的话，你也可以使用它们的根。

蒲公英糖浆 大约可装满一个 454 毫升的罐

制作方法

- 将蒲公英的茎和尽可能多的叶子都去掉，然冲洗花朵并晾干。
- 将水倒入一个大平底锅中，加入蒲公英的花。加热至沸腾，保持 1 分钟。然后将锅从火中移开，浸泡一晚。
- 第二天，用干净纱布或干净的茶巾过滤液体，尽可能将液体挤出。把液体倒回平底锅，扔掉滤渣。
- 往锅里加入糖、柠檬皮和柠檬汁，盖上盖子，用小火炖 1 小时。待汤汁冷却后，做出的糖浆会变得更黏稠。所以当在炖煮快要结束时，你看到的液体还很稀，请不要担心。
- 将糖浆冷却至一个安全的温度，之后用糖和柠檬汁调节口味。把调好口味的糖浆倒进一个消过毒的罐子，待彻底冷却后存入冰箱，能够保存 1 个月。
- 可往薄烤饼上、华夫饼干上或麦片粥中倒少许以提高甜味，是一种纯天然的享受。

配料

- 60 朵蒲公英花（约数）
- 400 毫升水
- 190 克红糖
- 190 克精白砂糖
- 半个柠檬的汁和皮

草地上的珍宝：黑莓

黑莓可能是世界上最容易辨认的浆果之一，我们当中的许多人都曾在漫长夏季的下午花时间寻找这些美味果子，手指被染成了紫色，黏糊糊的，甚至下巴上都流淌着美味浓郁的汁水。多年过去了，我们仍会对此情此景记忆犹新。

黑莓成簇生长在带刺的茎秆上，只有那些敢于披荆斩棘的人才能摘得黑莓。寻觅黑莓的最佳时节在6月至8月末，黑莓树丛很容易识别，因为它们长着带木质茎的荆棘篷，呈拱形覆盖着地面，黑莓就沉甸甸地长在上面。

采集黑莓时，可直接将它们从树枝上摘下来，放在容器（可以洗涤的塑料盒或金属滤器均可）里。由于黑莓树上的刺较多，恐怕你要戴上手套。另外，有些黑莓长在最高处，徒手够不着，所以还要准备一根长杆或带钩子的棍。

注意：黑莓有时会长在路边。一定留心这些黑莓是否被喷洒了杀虫剂。

黑莓和苹果碎 8~10 人份

制作方法

- 将烤炉预热至 180℃，找一个直径 20 厘米的耐高温圆盘子，均匀涂上油。
- 将苹果剥皮、去核并切碎成大约 1 立方厘米的方块。然后把黑莓洗净，放入一只大平底锅，加入 1 勺水和 1 汤勺糖。不盖盖，用小火煮 5 分钟，不时搅动，直至变软。完成后，把剩余的糖、肉桂、甜胡椒和盐放进去。完全搅拌均匀，拨至一边。
- 同时，把所有用于表面的配料放在一只碗里，用指尖揉搓，直到搓成面包碎屑一样。另外的做法是，把所有的配料放进一个食品搅拌器中，开机搅拌，达到上述同样的效果。
- 把黑莓混合物放到已备好的盘子的底部，然后在黑莓上均匀撒些碎屑配料。
- 烘焙 30~40 分钟，直至水果混合物冒泡，表面呈金黄色。放置在冷却架上放凉，然后即可食用。

配料

表面的配料

- 200 克纯面粉
- 150 克红糖
- 160 克黄油
- 少许盐

馅料

- 300 克烹饪用的苹果
- 150 克黑莓
- 60 克红糖
- 1 勺纯面粉
- 1 勺肉桂
- 1 勺甜胡椒
- 半汤勺盐

待在野外

结语

宏伟壮阔的户外宛如我们世界跳动的心脏，于我们而言，保护它、珍惜它至关重要。但愿在本书中，你会发现某些东西能够激励你亲近自然，探索这种令人惊讶的生命、能量与自由之源。无论你是希望去征服高山、潜入水中、寻觅迷人的野生动植物，抑或只是简单地沐浴在大自然的美景当中，每一次野外之旅都将是独具特色的珍贵体验。

数千年的岁月悠悠，自然世界塑造了我们，定义了我们是谁，人与自然保持紧密联系不仅是我们生存的需要，也是我们发展繁荣的需要。若是人类赋予自然这个机会，美丽的户外环境将使我们的生活更加丰富、更加充实、更加富有意义。我们所需要做的一切就是跨出自家的大门，去拥抱大自然、享受大自然……

地球演奏出美妙的音乐，想听的人都能尽情地欣赏。

乔治·桑塔亚纳
（George Santayana，1863—1952 年），
西班牙出生的美国哲学家、散文家、诗人和小说家，
著有《理性生活》等。

图片提供者

封面照片 © ABO PHOTOGRAPHY/Shutterstock.com；
封底照片 © Vitalii Nesterchuk/Shutterstock.com；
第 1 页 © ABO PHOTOGRAPHY/Shutterstock.com；
第 2 页 – 太阳在山峦冉冉升起 © Evgeny Bakharev/Shutterstock.com；
罐与锅 © Vitalii Nesterchuk/Shutterstock.com；
森林 © Valentin Valkov/Shutterstock.com；
绿水青山 © My Good Image/Shutterstock.com；
第 3 页 – 海景 © Smit/Shutterstock.com；
湖泊与小舟 © Andrei Bortnikau/Shutterstock.com；
山丘 ©Kevin Eaves/Shutterstock.com；
独行者 © everst/Shutterstock.com；
第 4–5 页 © Evgeny Bakharev/Shutterstock.com；
第 6 页 © Sloth Astronaut/Shutterstock.com；
第 7 页 © Vitalii Nesterchuk/Shutterstock.com；
第 8 页 © a_bachelorette/Shutterstock. com；
第 9 页 © Creative Travel Projects/Shutterstock.com；
第 10–11 页 – 小照片 © g-stockstudio/Shutterstock.com；
大照片 © Kochneva Tetyana/Shutterstock.com；
第 12 页 © Petrenko Andriy/Shutterstock.com；
第 13 页 © DVostok/Shutterstock. com；
第 14 页 – 插图 © Sloth Astronaut/Shutterstock.com；
照片 Bildagentur Zoonar GmbH/Shutterstock.com；
第 15 页 – 左上 © Alena Ozerova/Shutterstock.com；
右上 © Shaiith/Shutterstock.com；
中左 © Sander van der Werf/ Shutterstock.com；
中右 © kaspergaram/Shutterstock.com；
左下 © everst/Shutterstock.com；
右下 © nampix/Shutterstock.com；
第 16 页 © Lolostock/Shutterstock.com；
第 17 页 © Kostiantyn Fedorov；
第 18–19 页 © Brent Hofacker/ Shutterstock.com；
第 20 页 – 左上 © Iudina Ekaterina/Shutterstock.com；
右上 © Shaiith/Shutterstock.com；
第 21 页 – 左上 © Svitlana Pimenov/Shutterstock.com；
右上 © zi3000/Shutterstock.com；
第 22 页 – 左上插图 © Sloth Astronaut/Shutterstock.com；
右下 © Kostiantyn Fedorov；
第 23 页 – 右上与右下 © Kostiantyn Fedorov；
第 22–23 页 – 背景 © Backgroundy/Shutterstock.com；
第 24–25 页 – 数张照片 © PRESSLAB/Shutterstock.com；
杯子的画面 © a_bachelorette/Shutterstock.com；
第 26 页 – 插图 © igorrita；
照片 © Deepk Creation/Shutterstock.com；
第 27 页 – 左上 © Creative Travel Projects/Shutterstock.com；
右上 © Vera Petrunina/Shutterstock.com；
中左 © Stokkete/ Shutterstock.com；
中右 © Grekov's/Shutterstock.com；
左下 © Fotovika/Shutterstock.com；
右下 © Rawpixel.com/Shutterstock.com；
第 28 页 © Dmitry Sheremeta/Shutterstock.com ；
第 29 页 – 刨花插图 © SofiaV/ Shutterstock.com；
下面三张插图 © 考茨蒂安 · 费奥多罗夫（Kostiantyn Fedorov）；
第 30–31 页 © dan.nikonov/Shutterstock.com；
第 32 页 – 照片 © fboudrias/Shutterstock.com；
图示 © Tortuga/Shutterstock.com；
第 33 页 – 左上 © Stephanie Frey/Shutterstock. com；
右上 © Sam Spicer/Shutterstock.com；
中左 © plantic/Shutterstock.com；
中右 © Kryvenok Anastasiia/Shutterstock.com；
左下 © Akhenaton Images/Shutterstock.com；
右下 © Paranamir/ Shutterstock.com；
第 34 页 © Sloth Astronaut/Shutterstock.com；
第 35 页 © Valentin Valkov/Shutterstock.com；
第 36–37 页 – 菱形顶部 © Piotr Krzeslak/Shutterstock.com；
菱形底部 © Volodymyr Goinyk/Shutterstock.com；
第 38–39 页 © 271 EAK MOTO/Shutterstock.com；
第 40–41 页 © frankie's/Shutterstock.com；
第 42 页 © Valentin Agapov/Shutterstock.com；
第 43 页 © Maks TRV/Shutterstock.com；
第 44–45 页 © LazarenkoD/Shutterstock.com；
第 46 页 – 指南针图示 © a_bachelorette/ Shutterstock.com；
第 46–47 页 – 大照片与右上 © OlegKovalevichh/Shutterstock.com；
右下 © Rawpixel. com/Shutterstock.com；
第 48–49 页 © Andrey Prokhorov/Shutterstock.com；
第 50–51 页 © Twinsterphoto/Shutterstock.com；
第 52–53 页 – 背景 © Backgroundy/Shutterstock.com；
兔子足迹 © Peter Hermes Furian/Shutterstock.com；
鹿的足迹 © Cactus Studio/Shutterstock.com；
獾的足迹 © Horyn Myron/Shutterstock.com；
大爪子印记 © igorrita/ Shutterstock.com；
第 54–55 页 – 大圆圈 © 271 EAK MOTO/Shutterstock.com；
小圆圈 © Ondrej Prosicky/Shutterstock. com；
图示 © DenisKrivoy/Shutterstock.com；
第 56 页左上 © lkoimages/Shutterstock.com；
右上 © OlegKovalevichh/ Shutterstock.com；
中左 © the goatman/Shutterstock.com；
中右 © Coatesy/Shutterstock.com；
左下 © everst/Shutterstock.com；
右下 © Tepikina Nastya/Shutterstock.com；
第 57 页 – Sloth Astronaut/Shutterstock.com；
第 58–59 页 – 主背景照片 © DUSAN ZIDAR/Shutterstock.com；
中圆圈照片 © aliasemma/Shutterstock. com；
小圆圈照片 © Laszlo Szelenczey/Shutterstock.com；
第 60–61 页 – 主照片 © Melica/Shutterstock.com；
小圆圈照片 © jflin98/Shutterstock.com；
第 62–63 页 © KarepaStock/Shutterstock.com；
第 64–65 页 – 左上 © Nickolay Khoroshkov/Shutterstock.com；
中上 © Roxana Bashyrova/Shutterstock.com；
右上 © Creative Travel Projects/ Shutterstock.com；
中左 © Mooshny/Shutterstock.com；
中间照片 © Standret/Shutterstock.com；
中右 © Lolostock/Shutterstock.com；
左下 © everst/Shutterstock.com；
中下 © Bogdan Sonjachny/Shutterstock. com；
右下 © Roxana Bashyrova/Shutterstock.com；
图示 © igorrita/Shutterstock.com；
第 66 页 © Sloth Astronaut/ Shutterstock.com；
第 67 页 © My Good Image/Shutterstock.com；
第 68–69 页 © shopplaywood/Shutterstock.com；
第 70–71 页 © Vitalii Bashkatov/Shutterstock.com；
第 72–73 页 – 菱形左方 © AYA images/Shutterstock.com；
菱形右方 © Alena Ozerova/Shutterstock.com；
第 74 页 – 照片 © eternal_aviv/Shutterstock.com；
图示 © mpaniti/Shutterstock.com；
第 75 页 – 左上与右下 © everst/Shutterstock.com；
右上 © Feel good studio/Shutterstock.com；
中左 © iamnong/Shutterstock.com；
中右与左下 © Alena Ozerova/Shutterstock.com；
第 76–77 页 – 大圈 © atsamtaylorphotos/Shutterstock.com；
小圈 © Catalin Grigoriu/Shutterstock.com；
图示 © Sloth Astronaut/ Shutterstock.com；
第 78–79 页 © Lolostock/Shutterstock.com；
第 80–81 页 © ABO PHOTOGRAPHY/Shutterstock.com；
第 82–83 页 © Jakub Cejpek/Shutterstock.com；
第 84–85 页 – 大照片 © Andre Gie/Shutterstock.com；
小照片 © lzf/ Shutterstock.com；
第 86 页 © Julia Korchevska/Shutterstock.com；
第 87 页 – 左上 © Creative Travel Projects/Shutterstock.com；
右上与右下 © everst/Shutterstock.com；
中左 © lenina11only/Shutterstock.com；
中右 © Evgeny Bakharev/Shutterstock.com；
左下 © eternal_aviv/Shutterstock.com；
第 88–89 页 © lassedesignen/ Shutterstock.com；
第 90–91 页 – 大背景照片 © Africa Studio/Shutterstock.com；
小照片 © probertsre/ Shutterstock.com；
第 92–93 页 © yuda chen/Shutterstock.com；
第 94–95 页 – 左上，中上，中右和中下 © everst/Shutterstock.com；
右上 © Maria Savenko/Shutterstock.com；
中左 © Blue Planet Studio/ Shutterstock.com；
中间照片 © Evgeny Bakharev/Shutterstock.com；
左下 © lzf/Shutterstock.com；
右下 © Alena Ozerova/Shutterstock.com；
插图 © igorrita/Shutterstock.com；
第 96 页 © Ivanov Alexey/Shutterstock.com；
第 97 页 © Smit/Shutterstock.com；

第 98–99 页 © Paolo Gallo/Shutterstock.com;
第 100–101 页 – 大圆圈 © Ethan Daniels/Shutterstock.com;
小圆圈 © HD1 Photography/Shutterstock.com;
图形 © E.Druzhinina/Shutterstock.com;
第 102 页 © Sloth Astronaut/Shutterstock.com;
第 103 页 – 左上与中左 © GaudiLab/Shutterstock.com;
右上 © Watts/ Shutterstock.com;
中右 © igorrita/Shutterstock.com;
左下 © Rabbit_Photo/Shutterstock.com;
右下 © Evlakhov Valeriy/Shutterstock.com;
第 104 页 © Jandrie Lombard/Shutterstock.com;
第 105 页 – 左侧照片 © Rimma Bondarenko/Shutterstock.com;
右侧照片 © Drozdowski/Shutterstock.com;
第 106–107 页 © Dmitry Molchanov/ Shutterstock.com;
第 108–109 页 – 菱形右上 © Anna Om/Shutterstock.com;
菱形左下 © EpicStockMedia/ Shutterstock.com;
图示 © Sloth Astronaut/Shutterstock.com;
第 110–111 页 © eldar nurkovic/Shutterstock.com;
第 112–113 页 © FabrikaSimf/Shutterstock.com;
第 114–115 页 – 菱形左侧 © Danny Iacob/Shutterstock.com;
菱形右侧 © Alesia Puzhauskaite/Shutterstock.com;
第 116 页 © Cozine/Shutterstock.com;
第 117 页 – 左上 © Maria Savenko/Shutterstock.com;
右上 © Popartic/Shutterstock.com;
中左 © IgorAleks/Shutterstock.com;
中右 © Jacob Lund/Shutterstock. com;
左下 © Alexey Fedorenko/Shutterstock.com;
右下 © ABO PHOTOGRAPHY/Shutterstock.com;
第 118–119 页 – 大圆圈 © Ventura/Shutterstock.com;
小圆圈 © Preto Perola/Shutterstock.com;
蛤，海螺，蟹守螺和贻贝 © Elfhame/Shutterstock.com;
玉螺 © TheCreativeMill/Shutterstock.com;
鸟蛤与帽贝 © 玛丽安娜 · 汤普森（Marianne Thompson）;
第 120–121 页 – 大照片 © Franck Palaticky/Shutterstock.com;
小照片 © BlueOrange Studio/ Shutterstock.com;
第 122–123 页 © evenfh/Shutterstock.com;
第 124 页 – 照片 © Pavel Ilyukhin/Shutterstock.com;
贻贝的几张插图 © The Fisherman/Shutterstock.com;
第 125 页 © Foodio/Shutterstock.com;
第 126–127 页 – 顶部照片 © Valentina_G/ Shutterstock.com;
底部照片 © Karissaa/Shutterstock.com;
第 128–129 页 – 左上 © itor/Shutterstock.com;
中上 © Preto Perola/Shutterstock.com;
右上 © iko/Shutterstock.com;
中左 © Mykola Mazuryk/Shutterstock.com;
中间照片 © Maria Savenko/Shutterstock.com;
中右 © GaudiLab/Shutterstock.com;
左下与中间 © Daxiao Productions/Shutterstock.com;
右下 © Garikapati rajesh/Shutterstock.com;
图示 © mart/Shutterstock. com;
第 130 页 © sivVector/Shutterstock.com;
第 131 页 © Andrei Bortnikau/Shutterstock.com;
第 132–133 页 – 大圆圈 © Arnain/ Shutterstock.com;
小圆圈 © BcsChanyout/Shutterstock.com;
第 134–135 页 – 左上 © Sloth Astronaut/Shutterstock. com;
中上 © Melinda Nagy/Shutterstock.com;
右上 © Popartic/Shutterstock.com;
中左 © 271 EAK MOTO/ Shutterstock.com;
中间照片 © Alohaflaminggo/Shutterstock.com;
中右 © Kitja Kitja/Shutterstock.com;
左下 © AstroStar/Shutterstock.com;
中下 © Mila Drumeva/Shutterstock.com;
右下 © PPstock/ Shutterstock.com;
第 136–137 页 – 大照片 © photoschmidt/Shutterstock.com;
小照片 © Smiltena/Shutterstock. com;
第 138–139 页 – 大圆圈 © Daxiao Productions/Shutterstock.com;
小圆圈 © goffkein.pro/Shutterstock.com;
第 140–141 页 © Ammit Jac/Shutterstock.com;
第 142 © Saint A/Shutterstock.com;
第 143 页 – 左上 © everydoghasastory/ Shutterstock.com;
右上 © Valdis Skudre/Shutterstock.com;
中左 © JACEK SKROK/Shutterstock.com;
中右 © GaudiLab/Shutterstock.com;
左下 © FernandoMadeira/Shutterstock.com;
右下 © KasperczakBohdan/Shutterstock.com;
第 144–145 页 – 菱形左侧 © nadtochiy/Shutterstock.com;
菱形右侧 © Strahil Dimitrov/Shutterstock.com;
第 146–147 页 © Kirill Mikhirev/Shutterstock.com;
第 148–149 页 © GROGL/Shutterstock.com;
第 150–151 页 © Natalya Erofeeva/Shutterstock.com;
第 152–153 页 – 大圆圈 © Monkey Business Images/Shutterstock.com;
小圆圈 © Ondrej83/Shutterstock.com;
第 154–155 页 © Iaroshenko Maryna/Shutterstock.com;
第 156–157 页 – 大照片 © Ruud Morijn Photographer/Shutterstock.com;
小照片 © Tatevosian Yana/Shutterstock.com;
第 158–159 页 – 左上 © Beyla Balla/Shutterstock.com;
中左 © Robsonphoto/Shutterstock.com;
右上 © diy13/Shutterstock.com;
中左 © frankie's/Shutterstock.com;
中间照片 © Dudarev Mikhail/Shutterstock.com;
中右 © zeljkodan/ Shutterstock.com;
左下 © Danny Iacob/Shutterstock.com;
中下 © Yevhenii Chulovskyi/Shutterstock.com;
右下 © Milosz_G/Shutterstock.com;
绘画 © Sloth Astronaut/Shutterstock.com;
第 160 页 © Sloth Astronaut/ Shutterstock.com;
第 161 页 © Kevin Eaves/Shutterstock.com;
第 162–163 页 – 大圆圈 © everst/Shutterstock.com;
小圆圈 © LEALNARD RIENGKAEW/Shutterstock.com;
插图 © Undergroundarts.co.uk/Shutterstock.com;
第 164–165 页 © Roxana Bashyrova/Shutterstock.com;
第 166–167 页 – 木质背景 © Backgroundy/Shutterstock.com;
左上插图 © Sloth Astronaut/Shutterstock.com;
太阳与月亮 © OlgaSiv/Shutterstock.com;
北极星图解 © Vector FX/ Shutterstock.com;
风景雕刻 © vectortatu/Shutterstock.com;
月亮插图 © Farhads/Shutterstock.com;
岩石 © pupahava/Shutterstock.com;
苔藓 © nadinart-Nadezda Kokorina/Shutterstock.com;
第 168 页 © Bogdan Sonjachnyj/ Shutterstock.com;
第 169 页 – 左上 © ver0nicka/Shutterstock.com;
右上 © ch_ch/Shutterstock.com;
中左 © Nicky Rhodes/Shutterstock.com;
中右 © Mark Christopher Cooper/Shutterstock.com;
左下 © Mihai Stanciu/ Shutterstock.com;
中右 © PixieMe/Shutterstock.com;
第 170–171 页 – 星座图解 © tatishdesign/ Shutterstock.com;
夜空 © Sorrawit Saosiri/Shutterstock.com;
第 172–173 页 © Sander van der Werf/Shutterstock.com;
第 174–175 页 © mariait/Shutterstock.com;
第 176 – 图示 © Sloth Astronaut/Shutterstock.com;
照片 © Duncan Andison/ Shutterstock.com;
第 177 页 – 左上 © Bachkova Natalia/Shutterstock.com;
右上 © DavidTB/Shutterstock.com;
中左 © LeonidKos/Shutterstock.com;
中右 © oneinchpunch/Shutterstock.com;
左下 © Duncan Andison/ Shutterstock.com;
右下 © wavebreakmedia/Shutterstock.com;
第 178–179 页 – 菱形顶部 © Piotr Krzeslak/ Shutterstock.com;
菱形底部 © Bachkova Natalia/Shutterstock.com;
图示 © Sloth Astronaut/Shutterstock.com;
第 180–181 页 – 大照片 © Yellowj/Shutterstock.com;
小照片 © Ulyana Khorunzha/Shutterstock.com;
第 182–183 – 大照片 © Olga Zarytska/Shutterstock.com;
小照片 © Iryna Melnyk/Shutterstock.com;
第 184–185 页 – 左上 © mythja/Shutterstock.com;
中上 © Creative Travel Projects/Shutterstock.com;
右上 © Bogdan Sonjachnyj;
中左 © Sergey Tinyakov/Shutterstock.com;
中间照片 © siriwat wongchana/Shutterstock.com;
中右与左下 © everst/Shutterstock.com;
中下 © Nina Lishchuk/Shutterstock.com;
右下 © Alohaflaminggo/ Shutterstock.com;
牡鹿插图 © igorrita/Shutterstock.com;
第 186–187 页 – 照片 © everst/Shutterstock.com;
指南针图示 © a_bachelorette/Shutterstock.com;
第 190 页 – 森林背景 © Backgroundy/Shutterstock.com;
山脉图示 © Sloth Astronaut/Shutterstock.com

海阔凭鱼跃，
山高任鸟飞，
世界在你的脚下。

广袤的户外环境是我们这个世界跳动的心脏，匆忙的现代生活让我们离它越来越远——但找到回去的路永远不会太晚。无论你是喜欢散步、跑步、游泳、观赏野生动物，还是喜欢寻找野菜，这本书都会激励你走出去呼吸新鲜空气，重新与你周围的大自然联系起来。走进大自然是对身体和灵魂的慰藉，所以赶快逃离喧嚣的生活，放飞自己：走出去，去冒险，去狂野！

图书在版编目（CIP）数据

野外生存指南 /（英）克里斯・内勒著；燕子译 .
北京：中国科学技术出版社，2024. 12. -- ISBN 978-7-
5236-1162-3

Ⅰ . G895-62

中国国家版本馆 CIP 数据核字第 2024E9G752 号

著作权登记号：01-2024-5713

Text by Claire Berrisford
This Chinese edition is arranged through Gending Rights Agency

策划编辑	徐世新	**责任编辑**	向仁军
封面设计	麦莫瑞文化	**版式设计**	麦莫瑞文化
责任校对	张晓莉	**责任印制**	李晓霖

出　　版	中国科学技术出版社
发　　行	中国科学技术出版社有限公司
地　　址	北京市海淀区中关村南大街 16 号
邮　　编	100081
发行电话	010-62173865
传　　真	010-62173081
网　　址	http://www.cspbooks.com.cn

开　　本	710mm × 1000mm　1/16
字　　数	136 千字
印　　张	12
版　　次	2024 年 12 月第 1 版
印　　次	2024 年 12 月第 1 次印刷
印　　刷	河北鑫兆源印刷有限公司
书　　号	ISBN 978-7-5236-1162-3/G・1071
定　　价	98.00 元